JN239555

米麹・塩・野菜を炊飯器に入れて作る

発酵野菜みそのレシピ

著者　木村幸子
監修　藤井 寛（発酵あんこ研究家）

WAVE出版

はじめに

発酵野菜みそとは、大豆ではなく、野菜・米麹・塩・水を発酵させて作るまったく新しいタイプのみそです。

野菜の風味をほのかに残しつつ、麹のやさしい味わいのみそなので、野菜が苦手な人でも通常のみそと同じようにお使いいただけます。

みそは古代中国の醤（しょう・ひしお）が起源といわれ、日本に伝わり、みそへと発展しました。日本に約1300年間継承されてきた日本の伝統食品です。

そんなにも長い間みそが保存食として好まれたのは、主原料である大豆が「畑の肉」とも呼ばれるくらい貴重なたんぱく源であったことも大きな理由でしょう。

一方、野菜の保存食といえば、ぬか漬けなどの漬物が主流でした。大豆とは成分も異なり、「野菜でみそを作る」という発想自体が生まれにくかったのだと思います。

現代は野菜不足がうたわれ、野菜ジュース・サプリメントで補おうとする人、そもそも野菜が嫌いで食べられる野菜が極端に少ない人もいるというのが現状です。

そんな現代人にこそ、発酵野菜みそを試していただきたいのです。

みその作り方は、主に2タイプあります。①麹の酵素による分解作用だけで短期間に熟成させる「分解型みそ」、②そこに微生物による発酵が加わり、中長期間熟成させる「発酵型みそ」です。皆さんが日々口にされているのは、「発酵型みそ」が多いのではないかと思います。発酵野菜みそは「分解型みそ」に該当し、ほかには白みそや江戸甘みそが有名です。

発酵型のみそを作る工程は、大豆を蒸して、潰して、半年間熟成させて…と少しハードルが高いですが、本書で紹介する発酵野菜みそは分解型みその手法を取り入れ、とても簡単に作ることができます。材料は蒸した野菜と米麹、塩と水だけ。炊飯器による加温で麹の酵素による発酵を促します。材料を炊飯器に入れて保温モードに設定し、時々、乾燥を避けるためにかき混ぜて、8～12時間発酵させたら出来上がりです。

発酵型のみそは「寒仕込み」といい寒い時期に作るのが適しているといわれますが、発酵野菜みそはいつでも作ることができるのも大きな特徴です。ほとんどほったらかしでできるので、夕食の後（21時ごろ）に仕込んでおいて、寝る前にしっかりと混ぜて、朝起きてからもう一度混ぜて完成ということもできます。朝（9時ごろ）に仕込んで、昼間かき混ぜて、夕方にもう一度かき混ぜて完成、その日の夕食から出来立てのみそで料理をするということもできるのです。

いろいろな野菜で試したところ、米麹と相性のいい野菜は澱粉や糖分を含む、かぼちゃ、じゃがいも、さつまいも。そのほかに、にんじん、トマト、玉ねぎの6種でした。どれも野菜の風味を活かした個性豊かなおいしいみそが完成しました。

気になる塩分量ですが、白みそと同じ6％にしています。長期熟成の場合は塩分濃度を上げないと保存が効きませんが、短期間でいただけるみその場合は、6％で充分。塩分濃度を抑えることで野菜のうま味を最大限引き出せるようにしました。

レシピは、汁ものをはじめ、たれ、ドレッシング、おかず、主食と幅広く使えるレシピを考案致しました。和食だけでなく洋食とも大変相性がよいのでぜひお試しください。

本書で、新しいみその世界を毎日の食卓に取り入れていただき、健康で豊かな生活を歩んでいただけたら幸いです。

藤井　寛
木村幸子

本書で使う発酵野菜みそは6種類

本書で作る発酵野菜みそは、すべて塩分濃度6％になっています。使う野菜の個性で、料理の風合いも変わりますので、ここではそれぞれのみその特徴を紹介します

Ⓐ 発酵にんじんみそ

にんじんには抗酸化作用のあるβカロテンが豊富で、オレンジ色もその色素によるもの。みそにしても鮮やかなオレンジ色になります。クセがなく、どんな料理にもおすすめ。ドレッシングやたれに使えば、鮮やかな甘みのある仕上がりになります。

Ⓑ 発酵玉ねぎみそ

玉ねぎはもともと万能野菜と呼ばれるほど料理に欠かせませんが、蒸すことで辛みがやわらぎ、発酵させることでうま味となり、料理をおいしくするベースとなります。どんな料理にも合うので、料理の素材を活かしつつ、おいしく仕上げたいときに。

Ⓔ 発酵じゃがいもみそ

粘度の少ない男爵いもで作ると扱いやすいです。ほんのりとじゃがいもの風味が残りますが、色や味の邪魔をしないので、オールマイティーにお使いいただけます。メークインを使う場合は、粘度が高めのみそとなります。

Ⓒ 発酵かぼちゃみそ

かぼちゃは糖質が多いので、みそにしても甘みが強くなります。米麹と塩が混ざり合うことで、甘じょっぱいみそとなります。かぼちゃの味は残るので、甘さやコクを出したい料理に向いています。

Ⓕ 発酵トマトみそ

個性が強くやや酸味のあるみそに仕上がります。肉料理など、脂が多めで気になるときや、卵料理や酸辣湯（サンラータン）など酸味を出したい料理にも合います。トマトの種類はとくに指定はありません。粘度が高いため、他のみそと配合を変えています。

Ⓓ 発酵さつまいもみそ

さつまいももかぼちゃと同様、糖質が多いので、甘いみそとなります。食材としても、発酵調味料としても万能。さつまいもの種類は、好みのもので作ってください。種類によりねっとり感が出るものもあります。

目次

PART 1 炊飯器で作る 発酵野菜みその作り方

PART 2 毎日摂りたい 汁もの

PART 3 万能調味料になる たれとドレッシング

PART 4
ご飯が進む みそ味のおかず

PART 5
メインにもなる みそ味の主食

使い勝手がいい
理由はこれ！

「発酵野菜みそ」はここがスゴイ！

野菜と米麹のいいとこ取りをして生まれた「発酵野菜みそ」ですが、従来の豆みそに比べて新しい活用法があります。特徴を知り、あなたらしく使いこなしてください

料理の色と味を邪魔しない

通常のみそを料理に使うと、色が濃いため料理の色がくすみ、みそ味の強さが残りますが、発酵野菜みそは、色と味の邪魔をしません。ホワイトソースなら玉ねぎみそやじゃがいもみそが好相性。赤いソースにはにんじんやトマトみそがおすすめ。またドレッシングはカラフルで食欲がそそられます。和えものも風味よくマイルドな仕上がりになります。

大豆のみそ汁 NG の方でも安心

大豆アレルギーでみそ汁 NG という方もいらっしゃいますが、発酵野菜みそは、野菜と米麹、塩が原料なので、大豆アレルギーの方にも安心です。大豆がベースの調味料、みそ、しょう油などの代替品として「発酵野菜みそ」をお使いください。

野菜を一品足せる

忙しいとき、野菜を一品足すのは結構ハードルが高いもの。野菜みそを常備しておけば、ひとすくいでこれが可能に。例えば、にんじんの代わりににんじんみそを使うというアイデア。うま味もアップします。

だしとして使える

発酵野菜みそにうま味が充分あるので、だしを取らずにみそ汁や料理を作ることができます。もちろん、だしを組み合わせるとうま味の相乗効果でおいしさはグンとアップ。鰹節、きのこ、肉類、魚介類などをプラスするとさらにおいしくなります。みそ汁でうま味の少ない具材を使う場合は、鰹節をプラスしています。また、シチューやグラタン、スープに発酵野菜みそを加えるとまろやかなコクがプラスされます。

野菜ベースだから和洋どちらにも使える

大豆みその場合、洋風料理に使うとクセが強く合わない場合がありますが、発酵野菜みそは野菜ベースなので、洋風料理にも違和感なくお使いいただけます。ミネストローネ、ポタージュ、リゾット、グラタン、シチューなど洋風メニューに発酵野菜みそを入れると、麹と野菜の柔らかい味わいがむしろ引き立ち、おいしさがアップします。

肉や魚介を漬けるとふっくら

肉や魚介を発酵野菜みそに 30 分程度漬け込むだけで、たんぱく質は、麹菌によりペプチドやアミノ酸に分解され、柔らかくなると同時に、うま味成分が生成され、肉や魚の風味が増します。しっかりと味をつけたいときは、半日以上（ひと晩）おくとよいでしょう。

万能調味料として使える

発酵野菜みその塩分は西京みそと同じ 6％。ほんのり甘みも持ち合わせ、マイルドなみそ味になります。そのため、料理の隠し味として、煮もの、炒めもの、和えもの、漬け込み、たれ、ドレッシングなどさまざまな料理にお使いいただけます。いつもの料理の格がアップします。

玉ねぎみそは「あめ色玉ねぎ」と同じに使える！

ハンバーグやスープ、カレー、デミグラスソースといった洋風料理を本格的に仕上げたいときは、あめ色玉ねぎを作る工程が欠かせません。これからはこの工程は、玉ねぎみそで代用できます。しかも時短調理も可能になります。

発酵野菜みそを使うと、魚介の臭み消しになる

魚介類には、臭みの元となるトリメチルアミンが含まれますが、発酵野菜みそに漬けると臭み消しになります。刺身などのカルパッチョでも、発酵野菜みそのたれやドレッシングを使うことで、風味よくいただけます。

発酵野菜みそが持つ健康・美容効果

発酵野菜みそは白みそと同じく、米麹の割合を高くして加温発酵させる「分解型みそ」です。野菜が持つ栄養成分と、米麹の栄養成分の相乗効果で、さまざまな健康・美容効果が期待できます

麹発酵で得られる効果

腸活＆代謝＆免疫力アップ

麹の製造過程で生まれる乳酸菌や酵母が、腸内の善玉菌の成長をサポートします。麹には消化酵素も豊富に含まれるので、食物の分解を助け、消化と栄養素の吸収を促進します。また、腸内の健康状態がよくなると、体全体の免疫機能が向上し、感染症や病気に対する抵抗力が増します。

美肌効果

麹の代謝過程で作られるビタミンB群は細胞の再生や修復を促し、美容効果をもたらします。とくに、ビタミンB_2やビタミンB_6は、皮膚のターンオーバーを促進し、健康な肌を維持させます。さらに、麹由来のコウジ酸やほかの成分は、美白効果やシミやくすみの軽減にも役立つとされています。

抗酸化作用

麹に含まれる抗酸化作用のある成分（フェルラ酸やエルゴチオネインなど）には、体内の活性酸素を除去する働きがあります。これにより、細胞の老化を遅らせ、生活習慣病のリスクを低減する効果が期待できます。

疲労回復

麹の代謝過程で生まれるアミノ酸やビタミンB群は、栄養補給や疲労回復に優れた効果を発揮します。しかも、麹菌の酵素により吸収されやすくなっているのでスムーズに全身へと運ばれていきます。

コレステロールや便通の改善

麹がたんぱく質を分解する過程で生まれるレジスタントプロテイン（難消化プロテイン）には、コレステロールの低下や便通を改善する効果が期待できます。

ストレス軽減やリラックス効果

麹には、GABA（ガンマアミノ酪酸）という成分が含まれており、これがリラックス効果やストレス軽減を促します。GABAは脳内の神経伝達物質として働き、緊張をやわらげる作用があります。

6種の発酵野菜みその健康・美容パワー

発酵かぼちゃみそ

**体のサビを防ぐ
抗酸化トリオのビタミンパワー**

かぼちゃには、抗酸化トリオといわれるビタミンA（βカロテン）やC、Eが含まれます。これらの相乗効果で、風邪などの感染症予防やがん予防、血行の促進が期待できるほか、麹の栄養と合わさり、消化促進、免疫向上、腸内環境の改善、美肌効果などが期待できます。

発酵さつまいもみそ

**便秘やむくみ、高血圧が
気になるときに**

さつまいもは、ビタミンC、E、カリウム、食物繊維が豊富で美肌づくりや風邪予防、便秘改善に効果的です。さつまいもを切ると断面から出る白い液体を「ヤラピン」といいますが、胃の粘膜を保護し、排便を促す効果があります。カリウムがナトリウムを排出するので、血圧が気になる方にもおすすめ。

発酵じゃがいもみそ

**カリウムの王様。
心血管の健康維持に**

ビタミンCとカリウムが豊富で、栄養価の高さから「畑のりんご」と称されるほど。血圧を安定させたり、むくみ改善、美肌効果のほか、高い抗酸化作用で免疫力アップが期待できます。じゃがいもの食物繊維と麹の生み出すオリゴ糖が組み合わさることで、善玉菌を増やす効果も期待できます。

発酵にんじんみそ

**目や皮膚の健康、
老化防止に**

西洋にんじんのオレンジ色はβカロテン、東洋にんじんの赤はリコピンによるもの。西洋にんじんのβカロテンの含有量はダントツで、白血球を増やし、免疫力を高め、目や皮膚の健康を保ち、老化予防にも効果が期待できます。βカロテンは皮の下に最も多く含まれるので、皮ごと使ってもよいでしょう。

発酵玉ねぎみそ

**生活習慣病予防と
老化予防**

玉ねぎに含まれる硫化アリルは加熱することで甘み成分に変わりますが、ケルセチンは熱に強いのが特徴。強力な抗酸化や抗炎症、血液凝固を遅らせる作用が知られ、動脈硬化の予防や抗がん作用、コレステロール値を下げることでも注目されています。米麹の発酵成分との相乗効果で、老化防止にも役立つでしょう。

発酵トマトみそ

**心血管の健康と
美肌づくりに**

トマトに含まれるリコピンとビタミンCは、共に強力な抗酸化作用があり、悪玉コレステロールの酸化を防いで動脈硬化のリスクを下げたり、肌のターンオーバーを活性化させるので美肌効果もあります。リコピンは加熱することで吸収されやすくなるので、麹発酵させることで、新陳代謝がアップするでしょう。

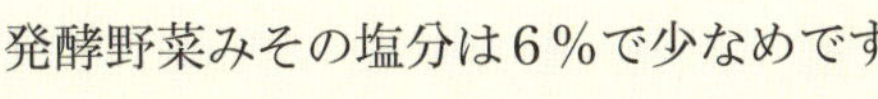

発酵野菜みその塩分は６％で少なめですが、摂取量には気をつけてください。

基本の道具と材料

本書で使う基本の道具と材料を紹介します

基本の道具

1 炊飯器　発酵野菜みその材料を発酵させるのに使います。

2 蒸し器　野菜を蒸すときに使います。電子レンジで蒸す場合はp.18を参考にしてください。

3 ゴムべら　発酵野菜みその材料を発酵の途中で混ぜるときに使います。

4 ブレンダー　にんじんや玉ねぎは繊維が固いので蒸した後ブレンダーで撹拌します。また、仕上がった発酵野菜みそをなめらかに仕上げるときにも使います。

5 計量カップ　液体材料の計量に使います。塩を水で溶くときにも使います。

6 すりこぎ棒　固さが残っている野菜をすり潰すときに適宜使います。ブレンダーで代用可能です。

7 はかり　材料の計量に使います。

8 耐熱ボウルとマッシャー　耐熱ボウルは野菜をレンジで蒸すときや、蒸し上がった野菜や、仕上がったみそをペースト状にするときに使います。マッシャーはすりこぎ棒と同様に固さが残っている野菜をすり潰すときに適宜使います。

9 布巾　発酵中は、炊飯器の蓋はせず、布巾をかぶせて保温発酵（加温発酵）します。

裏漉し用

10 みそべら　みそを裏漉しするときや、みその取り分けに使います。

11 裏漉しメッシュ　仕上がった発酵野菜みそを、ブレンダーの代わりに裏漉しするときに使います。

12 耐熱ボウル　発酵野菜みその裏漉しでも使います。

保存用

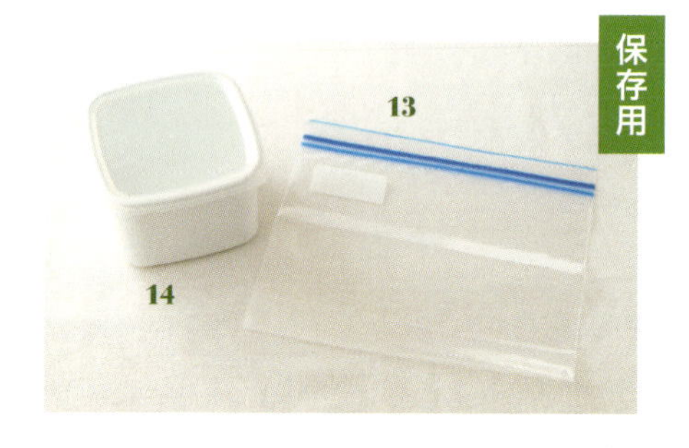

13 ジッパー付きポリ袋　発酵野菜みその冷蔵・冷凍保存に使います。

14 琺瑯容器　発酵野菜みその冷蔵・冷凍保存に使います。

野菜

さつまいも

種類は豊富ですが好みのさつまいもで作ってください。

かぼちゃ

かぼちゃみそには西洋かぼちゃがおすすめです。皮は取り除きます。

トマト

大玉トマトがおすすめです。赤く熟したものを選ぶとよいでしょう。

じゃがいも

じゃがいもみそには粘度の少ない男爵いもがおすすめです。

玉ねぎ

通年出回る乾燥玉ねぎを使います。繊維が固いので、蒸した後にブレンダーでの撹拌が必要です。春先に出回る新玉ねぎを使う場合は、水分量を加減してください。

にんじん

にんじんみそには一般的に出回っている西洋にんじんがおすすめです。繊維が固いので、蒸した後にブレンダーでの撹拌が必要です。

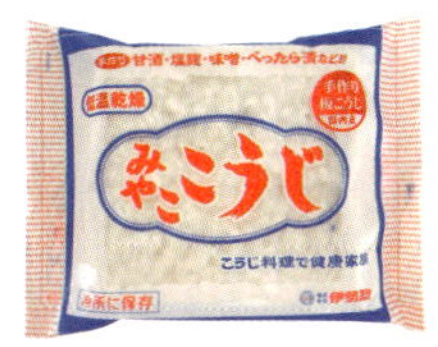

**みやここうじ
(米麹・乾燥)
(伊勢惣)**

発酵野菜みそ作りに使います。

※生麹を使う場合は、乾燥麹よりも水分が多いので、野菜の水分量にもよりますが、みそが緩くなる場合があります。その場合は水分量を加減してください。

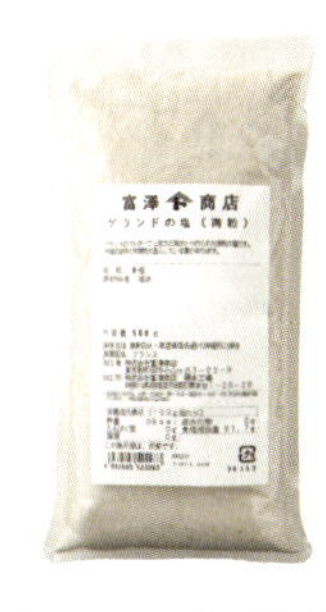

**ゲランドの塩(微粒)
(富澤商店)**

フランスのブルターニュ地方の海水から作られた微粒の塩。みそには天然塩がおすすめです。

**国産乾燥野菜(ミックス)
(富澤商店)**

みそ玉の具材として使います。キャベツ、にんじん、小松菜、大根などがミックスされており、湯で戻すと食べ応えのあるみそ汁になります。

**青さのり(国内産)
(富澤商店)**

みそ玉の具材として使います。 ※トレー入り

**桜えび(国産)
(富澤商店)**

桜海老からだしが出るので、みそ玉の具材に向いています。

**加賀麩　紅梅花麩
(富澤商店)**

「バットで作るみそ汁の素(p.30参照)」で使います。みそ汁が華やかになります。

本書の使い方

本書で使う発酵野菜みそは

- かぼちゃみそ
- さつまいもみそ
- じゃがいもみそ
- にんじんみそ
- 玉ねぎみそ
- トマトみそ

の6種類を紹介しています。

本書レシピで紹介する発酵野菜みそは、基本的にどの野菜のみそをお使いいただいてもおいしくできますが、とくにおすすめのものは、「おすすめ発酵野菜みそ」としてレシピ内で紹介しています。

また、撮影で調理に使ったみそは、写真内で「撮影：●●みそ」と説明しています。

PART 4 ご飯が進む みそ味のおかず　漬け焼き

撮影：玉ねぎみそ

白身魚のみそ漬け焼き

ふっくら柔らかなコクとうま味。
旬の脂がのった魚でぜひ試して。お弁当にも

材料（2人分）

白身魚の切り身（たら、カジキなど）……2切れ
塩……少々

＜漬け込みだれ＞

発酵野菜みそ……大さじ6（150g）
酒・みりん……各大さじ1・½
▶すべての材料をよく混ぜる

＜みょうがの甘酢漬け＞

みょうが……2個
A｜酢・砂糖……各小さじ2
　｜塩……少々

大葉……2枚
すだち……1個
▶半分に切る

ポイント

みょうがの甘酢漬けは、多めに作り、保存袋に入れて空気を抜いた状態で冷蔵すれば2週間保存可能です。

作り方

1. 白身魚は塩をふり、5分ほどおいて水気を拭く。
2. 漬け込みだれを魚全体に馴染ませ、1切れずつラップで包み、冷蔵庫でひと晩おく（p.51 C）。
3. みょうがの甘酢漬けを作る。みょうがは熱湯で2分ほどゆで、水にさらした後、Aに20分ほど漬ける。
4. 2の魚の表面のみそを拭い、フライパンにオーブンペーパーを敷いた上に乗せ、両面焼く（もしくは魚焼きグリルで両面を焼く）。
5. 器に大葉と4を盛り、3を縦半分に切り、すだちと共に添える。

おすすめ発酵野菜みそ

玉ねぎ　じゃがいも　さつまいも

53

撮影で調理に使ったみそを紹介しています

みその種類はどれでもOKです

おすすめのみそを紹介しています

本書のレシピのルール

- 本書は、炊飯器で作る発酵野菜みそのレシピを紹介しています。撮影では3合炊きの炊飯器を使用しています。お使いの炊飯器の機種により、加熱時間などに差が出てくる場合もあるので、様子を見ながら調節してください。
- レシピ材料内の発酵野菜みその分量は、目安の量となります。発酵野菜みその発酵時間や炊飯器の機種によっても出来上がりのみその塩分濃度に差が出るため、味見をして加減してください。
- 計量単位は、大さじ1＝15㎖、小さじ1＝5㎖、1合は180㎖、1カップ＝200㎖です。素材により、量りやすい計量単位で表記しています。
- 材料は2人分または4人分、出来上がり量で主に紹介しています。
- とくに明記がない場合は、火加減は「中火」です。
- 材料の重さ（g）は基本的に正味重量（皮をむいたり、ワタや種を除いた後の重さ）で表示しています。個数、本数などは目安です。
- 電子レンジはW（ワット）数によって加熱時間が異なります。本書のレシピ内では、600Wを使用しています。500Wの場合は、加熱時間を約1.2倍、1000Wの場合は約0.6倍にしてください。ただし、電子レンジの機種によっても差が出ますので、あくまでも目安として、加熱具合を見ながら加減してください。
- トースターの焼き加減は機種によっても差が出ますので、様子を見ながら調整してください。

PART 1

炊飯器で作る
発酵野菜みその作り方

6種の野菜で発酵野菜みそを作ってみましょう。それぞれの野菜の風味を活かしたみそが出来上がります。まずは、扱いやすいかぼちゃ、じゃがいも、さつまいもから始めてみるといいでしょう。玉ねぎ、にんじんは、蒸した後ブレンダーなどでの撹拌が必要になります。

＜かぼちゃみそ・さつまいもみそ・じゃがいもみそ・にんじんみそ共通＞

材料（出来上がり量約420g）

蒸しかぼちゃ、さつまいも、じゃがいも、にんじん、いずれかの野菜…300g（※右記を参照に正味重量を蒸す）
▶薄切り、または小さめに切る
米麹（乾燥）……150g
※生麹の場合は、190g
天然塩……35g
水……90ml

※蒸し野菜300gの正味重量の目安
かぼちゃ……¼個強（330g）
さつまいも……1・¾本（315g）
じゃがいも……2個強（315g）
にんじん……2本強（330g）

＜玉ねぎみそ＞

材料（出来上がり量約390g）

蒸し玉ねぎ……1・½個分（300g）
（正味約320gを蒸す）
▶角切り
米麹……150g
※生麹の場合は、190g
天然塩……32g
水……45ml

＜トマトみそ＞

材料（出来上がり量約390g）

蒸しトマト…2個分（350g）（正味約375gを蒸す）
▶へたを取り、皮ごと横半分に切る
米麹……100g
※生麹の場合は、130g
天然塩……32g
水……45ml

共通の作り方

※炊飯器は3〜5合炊きのものがおすすめです。

1 野菜は湯気が上がった蒸し器になるべく重ならないように並べ入れ、竹串を刺して通るくらいまで柔らかく蒸す（p.17 a）。

2 **1**の粗熱を取り、耐熱ボウルに移して、すりこぎ棒やマッシャーなどですり潰す（p.17 b、b1）。
※にんじんと玉ねぎのみ、繊維が固いのでブレンダーで撹拌する（b2、b3）。

3 炊飯器に米麹、**2**、水と塩を混ぜたものを順に加え（p.17 c）、よく混ぜる。

4 炊飯器の蓋を開けたまま布巾をかけ（p.17 d）、時々よく混ぜ合わせながら、保温モードで8〜12時間発酵させる（夜仕込む場合は、一度よく混ぜて次の日の朝、またよく混ぜる）。

5 粗熱を取り、珐瑯容器やジッパー付きポリ袋に入れて、冷蔵保存する。すぐ使わない場合は冷凍保存する。

冷蔵保存 2週間　冷凍保存 3ヵ月

ここがポイント

蒸したトマトは皮を取り除き※、マッシャーなどでなめらかにする。発酵過程で、液状から粘りが出るようになる。

蒸した玉ねぎは繊維が固いのでブレンダーで撹拌する。

蒸したにんじんも繊維が固いのでブレンダーで撹拌する。

※仕上げにブレンダーをかける場合は皮も使う。

材料の配分は玉ねぎみそとトマトみそだけ少し変えていますが、作り方はどれも共通です

野菜はなるべく重ならないように並べ入れて、多めの水を入れて強火で蒸す。

この段階で野菜をなめらかにすることで麹発酵が進みやすくなる。

塩は水でよく溶いてから、加える。

炊飯器の蓋はせず、表面の乾燥を防ぐために布巾で全体を覆う。

撮影：かぼちゃみそ

野菜はレンチン蒸しでもOK！

野菜をレンジで蒸す場合は、水をたっぷり含ませたキッチンペーパーを乗せる。

▼

ふんわりとラップをかけ、電子レンジで加熱する。加熱時間は下記参照。

野菜の電子レンジ加熱時間の目安

野菜300g（トマト350g）に必要な量	500w	600w	1000w
かぼちゃ　330g	8分30秒	7分	4分15秒
にんじん　330g	9分	7分30秒	4分30秒
じゃがいも　315g	9分	7分30秒	4分30秒
さつまいも　315g	9分	7分30秒	4分30秒
玉ねぎ　320g	7分15秒	6分	3分40秒
トマト　375g	6分	5分	3分

＋αの裏技

野菜を蒸す手間を省きたい場合は、電子レンジが便利です。
また出来上がったみそは、ひと手間で「粒みそ」から「漉しみそ」に仕上げることができます

仕上げはブレンダーや裏漉しでさらになめらかに

仕上げ①

麹の粒が気になる場合は、仕上げにブレンダーをかけるとなめらかな漉しみそになる。

▼

ブレンダーをかけた状態のみそ。

仕上げ②

麹の粒が気になる場合は、裏漉しすることでもなめらかな漉しみそになる。

裏漉しした状態のみそ。

塩を入れなければ「発酵ベジあん」もできる！

本書で紹介している発酵野菜みその作り方は、「発酵ベジあん」にも応用できます。塩を入れないだけで、野菜の甘さが引き立つあんこができるのです。材料は蒸した野菜と米麹のみ。砂糖も使いません。「発酵じゃがいもあん」で作り方を紹介しましょう。

＜発酵じゃがいもあんの作り方＞

材料（出来上がり量約480g）

蒸しじゃがいも（男爵）……400g（正味約420gを蒸す）
米麹（乾燥）……200g
※生麹の場合は、250～260g

1 じゃがいもは皮をむき、乱切りにする。

2 蒸し器で15～20分蒸したところ。串が通ればいい。粗熱を取る（60℃くらいが理想）。

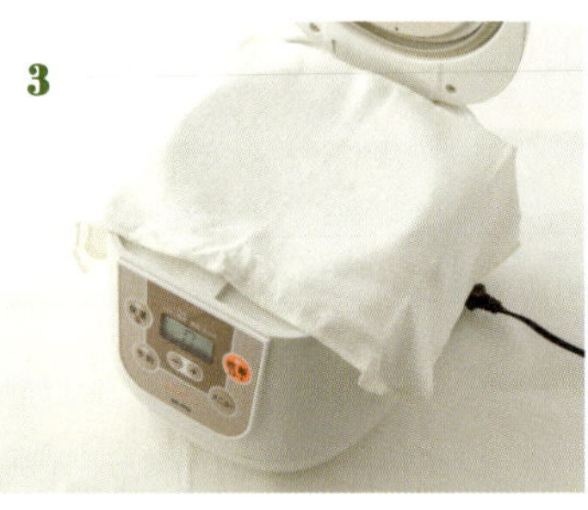

3 炊飯器に米麹、**2**のじゃがいもを入れてよく混ぜ、炊飯器の蓋を開けたまま布巾を1枚かぶせて、炊飯器の保温モードのスイッチを入れる。

4 2～3時間おきに1回、よく混ぜ合わせながら8～10時間発酵させる。写真は3時間経過した状態。

冷蔵保存　1週間

冷凍保存　3ヵ月

もっと詳しく知りたい方は『発酵ベジあんのおかずとおやつ』（小社刊）を参考にしてください。9種類のベジあんを使ったおかずとおやつを紹介しています。

※レシピ例

じゃがいもあんの冷製スープ

じゃがいもあんのスコーン

PART 2

毎日摂りたい汁もの

汁ものはだしのうまさが決め手。発酵野菜みそを使うと、みそ自体が、みそ汁やスープのだしのベースになるので、だしを取ったり、玉ねぎを炒める手間なしで、本格的な味が出せるのです。具材からのうま味も加わると、さらにおいしさがアップ。具材からうま味が出にくい汁ものには鰹節や少量のコンソメで風味をプラスしています。

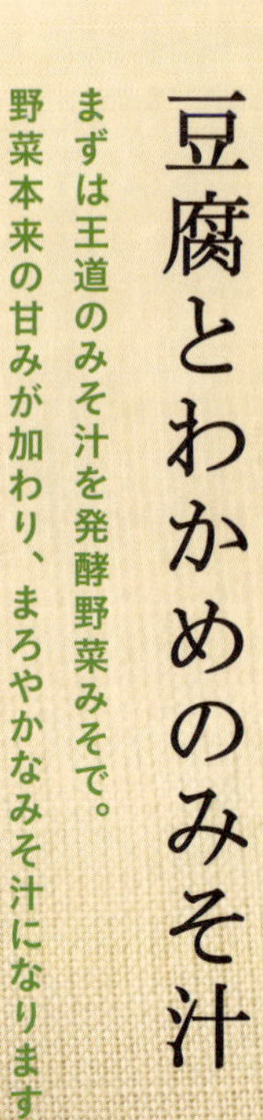

豆腐とわかめのみそ汁

まずは王道のみそ汁を発酵野菜みそで。
野菜本来の甘みが加わり、まろやかなみそ汁になります

材料（2人分）

発酵野菜みそ……大さじ3（75g）
豆腐……⅓丁（100g）
▶1.5cm角に切る
乾燥わかめ……小さじ2
鰹節（薄削り）……ひとつまみ
水……2カップ
青ねぎ……適量
▶小口切り

〈つけ合わせ〉

白いご飯……適量

作り方

1. 鍋に水を入れ、鰹節を指先で潰して加え、火にかける。
2. ひと煮立ちしたら豆腐を加え、再び沸いてきたら弱火で1〜2分温める。
3. 乾燥わかめを加えてひと混ぜし、発酵野菜みそを溶き入れて火を止め、青ねぎを散らす。

おすすめ発酵野菜みそ

にんじん　じゃがいも　玉ねぎ　さつまいも

ポイント

豆腐は絹ごしでも木綿でもお好みのもので。

撮影：にんじんみそ

しじみのみそ汁

貝と野菜みそを合わせることで滋味深い味わいに。しょうがで後味を引き締め、さっぱりといただきます

材料（2人分）

発酵野菜みそ……大さじ3（75g）
しじみ……180g
長ねぎ……12cm
▶5mm厚の斜め切り
水……2カップ
しょうがのすりおろし……½片分
粉山椒……適量

おすすめ発酵野菜みそ

かぼちゃ　じゃがいも　玉ねぎ

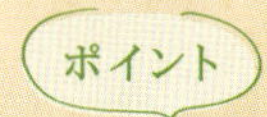

ポイント

2種のみそを半々でそれぞれ汁に溶き入れます。2種のうま味が加わり、味わいもアップします。単品のみそでも可能。

作り方

【下準備 しじみの砂出し】
しじみは重ならないようにバットに広げ、貝殻が少し出るくらいのひたひたの塩水（分量外・濃度0.5〜1%程度）を注いで冷暗所に1時間以上おく。その後、水（分量外）を張ったボウルの中に入れて貝殻同士をこすり合わせてよく洗う。

1. 熱したフライパンに長ねぎを入れ、全体に薄く焼き色をつけて取り出す。
2. 鍋にしじみと水を入れ、蓋をして弱火にかけ、貝がすべて開いたら、1としょうがを加えてひと混ぜする。
3. 発酵野菜みそを溶き入れ、器に入れてお好みで粉山椒をふる。

撮影：かぼちゃとじゃがいもを半々で溶いた合わせみそ

水菜と鶏ひき肉のみそ汁

水菜のシャキシャキ食感と鶏ひき肉が好相性。
みその個性が引き立つお汁

材料（2人分）

発酵野菜みそ……大さじ3（75g）
鶏ひき肉……80g
水菜……1株
▶根元を落として3㎝長さに切る
サラダ油……小さじ1
水……2カップ
すりごま（白）……大さじ1

作り方

1 鍋にサラダ油を熱し、鶏ひき肉を入れて炒める。

2 肉の色が変わったら水を注ぎ、煮立ったら水菜を加えて火が通るまで煮る。

3 発酵野菜みそを溶き入れ、器に盛り、すりごまをかける。

おすすめ発酵野菜みそ

トマト　かぼちゃ　にんじん

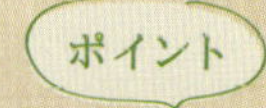

トマトみそで作ると、酸味が加わり、唯一無二の味わいになります。

撮影：トマトみそ

椎茸のかきたま汁

みそと具材からのうま味で充分！
だし要らずでお手軽

材料（2人分）

発酵野菜みそ……大さじ3（75g）
椎茸……80g
▶石づきを取って薄切り
卵……1個
水……2カップ
酒……小さじ1
三つ葉……適量
▶2㎝幅に切る

<つけ合わせ>
雑穀米のおにぎりに、発酵野菜みそ適量をトッピング

作り方

1 鍋に水と酒を入れて沸騰させ、椎茸を加える。
2 再び煮立ったら、溶き卵を回し入れ、ふんわりと浮いてきたら発酵野菜みそを溶き入れる。
3 器に盛り、三つ葉を散らす。

おすすめ発酵野菜みそ
さつまいも　玉ねぎ　じゃがいも

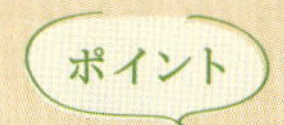

卵を綺麗に浮かせるには、卵は白身と黄身が完全に混ざるまで溶き、必ず沸いたところに回し入れてください。

撮影：さつまいもみそ（かきたま汁）　にんじんみそ（おにぎり）

豚汁

発酵野菜みそは根菜汁との相性が抜群。滋味深さもアップ。
作り立てでもみその馴染みがよいのは野菜みそならでは

材料（2人分）

発酵野菜みそ……大さじ3（75g）
豚ばら薄切り肉……100g
▶3㎝幅に切る
ごぼう……1/6本（25g）
▶ささがきにして水にさらす
大根……2㎝（60g）
▶皮をむき、2〜3㎜厚のいちょう切り
にんじん……1/3本（50g）
▶皮をむき、2〜3㎜厚の半月切り
こんにゃく……1/4枚
▶下ゆでし、3㎝長さ・5㎜厚の短冊切り
ごま油……大さじ1/2
水……2カップ
長ねぎ……1/4本
▶小口切り
七味……適量

<つけ合わせ>
白いご飯……適量

作り方

1 鍋にごま油を熱して、豚肉を色が変わるまで炒めたら、ごぼう、大根、にんじん、こんにゃくを加えて炒め、野菜の表面に火が通ったら水を加える。

2 煮立ったら弱火にしてアクを取り、野菜全体に火が通るまで煮る。

3 長ねぎを加え、発酵野菜みそを溶き入れ、器に盛り、お好みで七味をふる。

おすすめ発酵野菜みそ

じゃがいも　玉ねぎ　にんじん

水を入れる前に豚肉と野菜を炒めることで味に深みが出ます。豚肉は豚ばら薄切り肉が、冷めても固くなりにくく、うま味もありおすすめです。

撮影:じゃがいもみそ

桜海老とあおさのみそ玉

桜海老の香ばしさが加わり、後を引くおいしさ

材料（2食分）

発酵野菜みそ……… 大さじ3（75g）
鰹節（薄削り）……… 2g
桜海老……… 4g
▶から炒りし、冷ます
あおさ海苔……… 4g

おすすめ発酵野菜みそ

さつまいも　じゃがいも　トマト

撮影：さつまいもみそ

食べるときはみそ玉をラップを外して器に入れ、熱湯1カップを注いでよく混ぜる

乾燥野菜と高野豆腐のみそ玉

乾燥野菜はみそ玉と好相性。揃えておくと重宝します

材料（2食分）

発酵野菜みそ……… 大さじ3（75g）
鰹節（薄削り）……… 2g
乾燥野菜ミックス
（切り干し人参でも可）……… 10g
高野豆腐（刻みタイプ）……… 4g

おすすめ発酵野菜みそ

かぼちゃ　さつまいも　玉ねぎ

撮影：かぼちゃみそ

みそ玉の作り方

みそ玉の具材に、乾燥食材（桜海老、高野豆腐、麩、乾燥野菜、あおさ海苔など）を使って冷蔵・冷凍しておくと、お弁当や、もう一品というときにも重宝します

a ボウルに発酵野菜みそと鰹節を入れてよく混ぜる。

b ラップに半量の発酵野菜みそを乗せ、ラップの先端をねじり上げ、球形に整える。もう1個も同様に作る。

c 別のラップに半量の具材を広げ、bのみそ玉を乗せたら、再度、球形に整える。もう1個も同様に作る。

d すぐ使わないときは、先端をテープなどで留めてバットに乗せ、冷蔵または冷凍保存する。

冷蔵保存 1週間　冷凍保存 1ヵ月

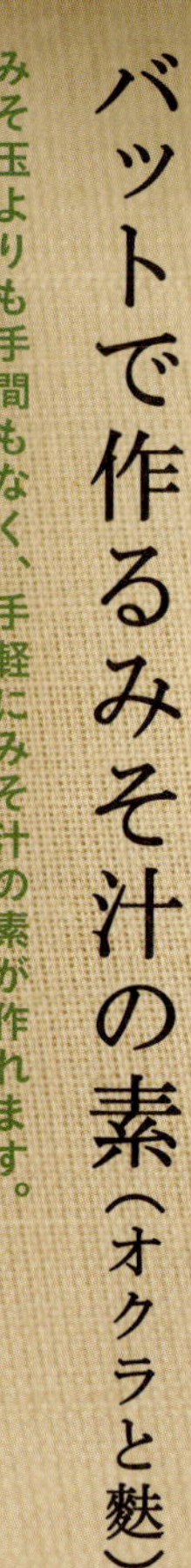

バットで作るみそ汁の素（オクラと麩）

みそ玉よりも手間もなく、手軽にみそ汁の素が作れます。冷蔵庫に常備すると便利です

材料
（6食分／W155×D125×H26㎜バット1台分）

発酵野菜みそ……140g
長ねぎ……12㎝
▶小口切り
鰹節（薄削り）……4g
オクラ……2本
▶ガクを取る
麩（鞠や花など小さめのもの）……適量

作り方

1 オクラは塩少々（分量外）を入れた熱湯で1分ほどゆで、冷水につけてからざるに上げ、5㎜厚の輪切りにする。

2 ボウルに発酵野菜みそ、長ねぎ、鰹節を合わせてよく混ぜ、バットに入れて平らにし、竹串などで6等分の筋をつける。

3 表面にオクラと麩を乗せる。

4 いただくときは、筋目1つ分を器に入れて熱湯1カップ（分量外）を注いでよく混ぜる。

おすすめ発酵野菜みそ

トマト　じゃがいも　にんじん

冷蔵保存 3～4日　冷凍保存 1ヵ月

撮影：トマトみそ

撮影：トマトみそ

酸辣湯（サンラータン）

酸味の効いた酸辣湯は発酵野菜みそもぴったり。スープでご紹介しましたが、ご飯や麺を入れても美味

材料（2～3人分）

発酵野菜みそ……大さじ1強（30g）
干し椎茸……2枚
水……椎茸の戻し汁と合わせて2カップ
干しキクラゲ……4枚
豚薄切り肉（ロースやももなど）……50g
▶細切り
たけのこ（水煮）……30g
▶千切り
長ねぎ……5cm
▶千切り
豆腐……50g
▶2cm角に切る
卵……1個
鶏がらスープの素……大さじ½
A 酒……大さじ1
　しょう油……大さじ⅔
B 片栗粉……大さじ1
　水……大さじ2
C 黒酢……大さじ1
　こしょう……小さじ¼
発酵野菜みそ（トッピング用）……大さじ1弱（20g）
ラー油……適量

作り方

1. 干し椎茸はひたひたの水（分量外）で戻し、石づきを取って千切りにし、戻し汁はとっておく。干しキクラゲはぬるま湯（分量外）で戻して固い部分を除き、食べやすい大きさに切る。豚肉は塩と酒少々（共に分量外）をふって揉み込む。
2. 椎茸の戻し汁と水を合わせて2カップにして鍋に入れ、鶏がらスープの素を入れて沸騰させる。1の具材とたけのこ、長ねぎを加え、弱火にして食材に火が通るまで煮る。
3. 発酵野菜みそ30gとAを加えて煮立たせ、よく混ぜたBを加えてとろみをつける。
4. 豆腐を加えて温め、再び沸いてきたら溶き卵を少しずつ回し入れる。Cを加えて火を止める。
5. 器に盛り、ラー油を垂らし、トッピング用の発酵野菜みそを乗せる。

おすすめ発酵野菜みそ

トマト　じゃがいも　にんじん

撮影:かぼちゃみそ

ほうれん草のポタージュ

みそと野菜だけでこんなにおいしくなります。
冷製でも温製でも通年楽しめます

材料(2人分)

発酵野菜みそ	大さじ2・⅓(60g)
ほうれん草	⅓束(70g)
玉ねぎ	¼個(50g)
▶みじん切り	
じゃがいも	½個(75g)
▶1～2cmの角切り	
バター	大さじ1(12g)
A 顆粒コンソメ	小さじ⅛
A 水	1カップ
牛乳	1カップ
生クリーム	適量

作り方

1. ほうれん草は塩(分量外)を入れた熱湯でゆでて、水にさっとつけて色止めし、水気を絞り、根元を切り落として1cm幅に切る。
2. 鍋にバターを溶かし、玉ねぎとじゃがいもを入れて玉ねぎが透明になるまで炒める。Aを加え、じゃがいもが柔らかくなるまで煮る。
3. 1と2を合わせてミキサーにかけて撹拌し、鍋に戻す。牛乳を加えて温め、発酵野菜みそを溶き入れる(冷製にするなら冷蔵庫で冷やす)。
4. 器に盛り、お好みで生クリームをかける。

おすすめ発酵野菜みそ

かぼちゃ　さつまいも　玉ねぎ

ほうれん草以外にも小松菜や春菊などの葉物野菜でも同様に作れるため、季節や好みに合わせて試してみてください。

撮影：にんじんみそ

ミネストローネスープ

野菜を贅沢に摂れます。野菜が苦手の方にもおすすめ。スープの素も少量でOK

材料（2人分）

発酵野菜みそ……大さじ2・1/3（60g）
オリーブ油……大さじ1
にんにく……1/2片
▶みじん切り
ベーコン（スライス）……1枚
▶1cm幅に切る
セロリ……5cm
▶薄切り
玉ねぎ……1/4個（50g）
▶1cmの角切り
にんじん……1/3本（50g）
▶1cmの角切り
ズッキーニ……1/4本（50g）
▶1cmの角切り
トマト……1/2個（100g）
▶1cmの角切り
水……1・1/2カップ
顆粒コンソメ……小さじ1/2
バジルの葉……3〜4枚
（ドライバジルを使用する場合は適量）

作り方

1. 鍋にオリーブ油を熱してにんにくを香りが出るまで炒め、ベーコン、セロリ、玉ねぎ、にんじん、ズッキーニ、トマトの順に炒める。
2. 水とコンソメを加え、煮立ってきたら弱火にし、10分煮る。
3. 発酵野菜みそを溶き入れ、バジルの葉をちぎりながら加え、さっと火を通して器に盛る。

おすすめ発酵野菜みそ

にんじん　トマト　玉ねぎ

撮影：玉ねぎみそ

カリフラワーとマッシュルームの豆乳みそスープ

発酵野菜みそがスープのベースになるから
手間要らずで本格派のスープに仕上がります

材料（2人分）

発酵野菜みそ……大さじ2・⅓（60g）
カリフラワー……½株
▶小房に分ける
ブラウンマッシュルーム……½パック（50g）
▶薄切り
セロリ……5cm
▶薄切り
豆乳……1カップ
水……½カップ
白ワイン……大さじ1
顆粒コンソメ……大さじ¼
オリーブ油……大さじ1
イタリアンパセリ……適量
▶粗く刻む

作り方

1. 鍋にオリーブ油を熱してセロリが少し透明になるまで炒め、カリフラワーとマッシュルームを加えて炒める。
2. 全体に油が回ったら水とコンソメ、白ワインを加えて、弱火で具材が柔らかくなるまで5分ほど煮る。発酵野菜みそ、豆乳を加えてさっと温める。
3. 器に盛り、お好みでオリーブ油（分量外）をかけ、イタリアンパセリを散らす。

おすすめ発酵野菜みそ

玉ねぎ　さつまいも　じゃがいも

PART 3

万能調味料になる たれとドレッシング

発酵野菜みそを使った「たれとドレッシング」を8種紹介します。そのままディップにしたり、かけたりするほか、料理のベースとしても使えるものばかり。また、これらを応用した和洋のDip Partyのレシピも併せて紹介。おもてなしメニューとしても重宝します。

撮影：にんじんみそ

みそぽん酢だれ

ぽん酢しょう油に発酵野菜みそと砂糖を加えるだけ。五味が調和して料理を格上げします

材料（出来上がり量約85g）

発酵野菜みそ……大さじ2（50g）
ぽん酢しょう油（市販品）……大さじ2
砂糖……小さじ¼

作り方

1 すべての材料をよく混ぜ合わせる。

冷蔵保存 3〜4日

活用法 きのこのホイル焼き・みそぽん和え（p.68参照）、野菜のせいろ蒸し（p.46参照）やお鍋のたれ、餃子のたれ（p.54参照）、冷や奴、焼きねぎ和え、野菜のみそぽん酢漬けなど。

おすすめ発酵野菜みそ

にんじん　玉ねぎ　トマト

撮影：じゃがいもみそ

ごまみそだれ

ごま油なしで作ります。
みそのコクで香ばしさもアップ

材料（出来上がり量約85g）

発酵野菜みそ……大さじ2（50g）
練りごま（白）・酢……各大さじ1
砂糖……小さじ1
しょう油……小さじ¼

作り方

1 すべての材料をよく混ぜ合わせる。

冷蔵保存 4〜5日

活用法 パクチーとトマトのみそ白和え（p.68参照）などの和えもの、お肉ときのこのせいろ蒸し、野菜のせいろ蒸し（共にp.46参照）のたれ、棒棒鶏（バンバンジー）、サラダのドレッシング代わりとして。

おすすめ発酵野菜みそ

じゃがいも　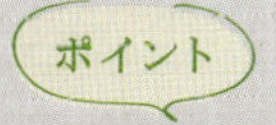玉ねぎ　さつまいも

ポイント

お好みで白ごまや金ごまを加えても。

撮影：トマトみそ

撮影：玉ねぎみそ

ピリ辛みそだれ

**少量でも辛さがあるので、
ピリ辛料理や料理のアクセントにぴったり**

材料（出来上がり量約65g）

発酵野菜みそ……大さじ2(50g)
豆板醤・砂糖・しょう油……各小さじ1

作り方

1 すべての材料をよく混ぜ合わせる。

冷蔵保存 4〜5日

活用法 なすと鶏もも肉の香りみそ炒め（p.62参照）、ニラみそキムチ（p.80参照）、みそ漬け焼き、いんげんや青菜の和えもの、鍋料理のアクセントや麺類の味変に。

おすすめ発酵野菜みそ

トマト　にんじん　玉ねぎ

焼肉みそだれ

**甘さのある焼肉みそだれ。
焼肉以外にも用途は無限大！**

材料（出来上がり量約160g）

発酵野菜みそ……大さじ2(50g)
酒……大さじ2
コチュジャン……大さじ1・1/3
しょう油……大さじ1
りんご……大さじ1
▶すりおろし
炒りごま(白)…小さじ2
砂糖……小さじ1/2
レモン果汁…小さじ1/4
しょうが・にんにくのすりおろし…各1/2片分
長ねぎ……5cm
▶みじん切り
こしょう……少々

作り方

1 すべての材料をよく混ぜ合わせる。

冷蔵保存 2〜3日

活用法 焼肉、卵かけご飯、回鍋肉（ホイコーロー）（p.63参照）などのたれとして。

おすすめ発酵野菜みそ

玉ねぎ　にんじん　トマト

ヨーグルト
みそドレッシング

酸味の効いた爽やかな味。サラダのほかに和えものや野菜の即席漬けなどにも

材料（出来上がり量約100g）

発酵野菜みそ……大さじ1（25g）
プレーンヨーグルト……50g
白ワインビネガーまたは酢……大さじ½
マヨネーズ・砂糖……各小さじ1
しょう油……小さじ½
オリーブ油……大さじ½

作り方

1 オリーブ油以外の材料をよく混ぜる。
2 1にオリーブ油を少しずつよく混ぜながら加える。

冷蔵保存 2〜3日

活用法 サラダ、和えもの、鶏肉ソテーなどのソースとして、野菜の即席漬けなどに。

おすすめ発酵野菜みそ
玉ねぎ　にんじん　さつまいも

撮影：玉ねぎみそ

みそドレッシング

和洋幅広く使える、発酵野菜みそが主役のとろみのあるドレッシング

材料（出来上がり量約120g）

発酵野菜みそ……大さじ2（50g）
酢……大さじ1・½
レモン果汁……大さじ1
しょう油……2〜3滴
オリーブ油……大さじ3

作り方

1 オリーブ油以外の材料をよく混ぜる。
2 1にオリーブ油を少しずつよく混ぜながら加える。

冷蔵保存 3〜4日

活用法 カルパッチョ、玉ねぎサラダ、青菜の和えもの、冷や奴、しゃぶしゃぶなどに。

おすすめ発酵野菜みそ
にんじん　トマト　玉ねぎ

ポイント
すりごまを加えてもおいしいです。

撮影：にんじんみそ

撮影：かぼちゃみそ

みそマヨだれ

簡単なのにおいしさ無限大。
万能調味料になります

材料（出来上がり量約170g）

発酵野菜みそ……大さじ4（100g）
マヨネーズ……大さじ6

作り方

1 すべての材料をよく混ぜ合わせる。

冷蔵保存 3〜4日

活用法 クラッカーや野菜のディップ、炒めもの、サラダスパゲティ、魚介や肉の漬け焼き、ポテトサラダなどに。

おすすめ発酵野菜みそ

かぼちゃ　じゃがいも　さつまいも

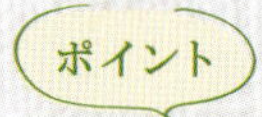

ピリ辛にしたい場合は、お好みで一味唐辛子や七味を加えてください。

みそチーズディップ

クリームチーズに発酵野菜みその野菜の甘さが加わり、クセになるおいしさ

撮影：さつまいもみそ

材料（出来上がり量約115g）

発酵野菜みそ……大さじ2（50g）
クリームチーズ……大さじ2
オリーブ油……大さじ2
にんにく……1片
▶みじん切り
ブラックペッパー……適量

作り方

1 すべての材料をよく混ぜ合わせる。

冷蔵保存 2〜3日

活用法 バーニャカウダ、フリットなどの揚げもの、サンドイッチや温野菜のソース、野菜やクラッカーなどのディップとして。

おすすめ発酵野菜みそ

さつまいも　かぼちゃ　じゃがいも

Dip Party

【アレンジ】
クラッカーに2種の
ディップ添え
市販のクラッカーにみそチーズ
ディップやみそマヨだれ、発酵野
菜みそをお好みでつけるだけで
もおいしいおつまみになります
みそチーズディップ
みそマヨだれ
メープルみそトースト
みそブルスケッタ
(トマトバジル)
みそブルスケッタ
(アボカドサーモン)

お刺身カルパッチョ

さつまいもみそ

もっちり明太餃子ピザ

撮影：玉ねぎみそ(B)

みそブルスケッタ2種
(トマトバジル、アボカドサーモン)

発酵野菜みそはトッピングのベースにも

材料(4人分)

バゲット……A・B各4枚
▶1cm厚の斜め切り
にんにく……適量

<Aトマトバジル>

A
- みそチーズディップ(p.39参照)…大さじ2
- トマト……½個
  ▶7〜8mmの角切り
- オリーブ油……小さじ1
- ブラックペッパー……少々
  ▶すべての材料をよく混ぜる

バジルの葉……適量

<Bアボカドサーモン>

B
- 発酵野菜みそ……大さじ2(50g)
- アボカド……1個
  ▶粗く潰す
- スモークサーモン…2枚
  ▶粗く刻む
- レモン果汁……小さじ2
- にんにくのすりおろし……½片分
- パクチー……2本
  ▶みじん切り
  ▶すべての材料をよく混ぜる

ブラックペッパー……適量

作り方

1. バゲットはトースターできつね色に焼き、表面ににんにくを軽くすり込む。
2. (A) **1**に**A**を乗せ、お好みでバジルの葉を散らす。
3. (B) **1**に**B**を乗せ、お好みでパクチー(分量外)、ブラックペッパーを散らす。

おすすめ発酵野菜みそ

Bは玉ねぎ　にんじん　じゃがいも

撮影：さつまいもみそ

メープルみそトースト

甘じょっぱさがクセになるおいしさ!

材料(4人分)

発酵野菜みそ……大さじ2(50g)
メープルシロップ……大さじ3
バター……大さじ1・⅔(20g)
お好みのパン(バゲットなど)……4枚

作り方

1. 発酵野菜みそとメープルシロップをよく混ぜる。
2. パンを好みの加減に焼き、**1**を塗り、バターを乗せる。

おすすめ発酵野菜みそ

さつまいも　かぼちゃ　じゃがいも

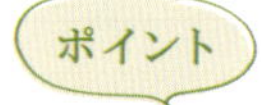

メープルシロップの量は好みの甘さになるように加減してください。はちみつに代えれば、はちみつみそトーストも作れます。

撮影：じゃがいもみそ

もっちり明太餃子ピザ

**餃子の皮でもう一品。
ピザソースも発酵野菜みそなら簡単！**

材料（4人分）

発酵野菜みそ……大さじ2（50g）
A | 明太子……1腹
　| マヨネーズ……大さじ2
餃子の皮……8枚
切り餅……2個
▶1cm角に切る
長ねぎ……6cm
▶小口切り
ピザ用チーズ……適量
刻み海苔……適量

作り方

1 ボウルに**A**と発酵野菜みそを入れてよく混ぜる。

2 餃子の皮に**1**を薄く塗り、切り餅・長ねぎ・ピザ用チーズを乗せてトースターで餅が柔らかくなるまで焼き、刻み海苔を乗せる。

おすすめ発酵野菜みそ

じゃがいも　さつまいも　玉ねぎ

お刺身カルパッチョ

**発酵野菜みその持つ鮮やかな色合いの
ドレッシングも食欲をそそります**

材料（4人分）

A | ヨーグルトみそドレッシング
　| （p.38参照）……大さじ2
B | みそドレッシング（p.38参照）
　| ……大さじ2
刺身（真鯛さく、サーモンさく）……合計180g
ディル……適量
ベビーリーフ……適量

作り方

1 刺身のさくはそれぞれ食べやすい薄さにそぎ切りにする。

2 **1**を皿に盛り、ディルとベビーリーフを乗せ、**A**、**B**のドレッシングをかける。

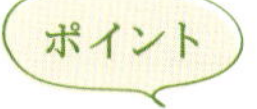

ドレッシングは2種でなくてもOKですが、2種のソースを絡めると味に深みが出ます。また、ソースのほか、刺身にお好みで発酵野菜みそをそのままつけて食べてもおいしいです。

Dip Party
ごまみそだれ
みそぽん酢だれ
野菜のせいろ蒸し
みそ田楽

お肉ときのこのせいろ蒸し

みそポテトサラダ

もろきゅう

鯵のなめろう

お肉ときのこのせいろ蒸し

たれを一緒に蒸して、熱々でいただきます。肉はお好みのものや魚介でもOK

材料（4人分：直径17cm丸せいろ相当）

ごまみそだれ（p.36参照）…………大さじ1・½
豚ばら薄切り肉…100g
▶5cm幅に切る
鶏ささみ……2本（100g）
▶筋を取って半分に切る
キャベツ……$\frac{1}{12}$個（100g）
▶ざく切り
舞茸……………½パック
▶食べやすい大きさにほぐす
椎茸……………………2枚
▶石づきを取って十字に切る
豆苗……………⅛パック

作り方

1 せいろはさっと水で濡らし、クッキングペーパーを敷いてキャベツを広げ、器に入れたごまみそだれを乗せる。

2 1の空いたスペースに豚肉、鶏ささみ、舞茸、椎茸を入れ、豆苗を乗せる。

3 鍋に水（分量外）を入れて沸かし、2を乗せ、強めの中火で火が通るまで蒸す。

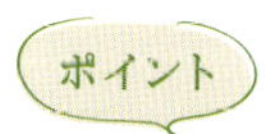

せいろを重ねて2段で蒸す場合は、汁が出るものや加熱に時間がかかるほうを下段にして、途中上下を入れ替えるなどして、充分の水で蒸してください。

野菜のせいろ蒸し

蒸すから野菜のうま味も栄養もまるごといただけます。お好みのみそだれでどうぞ

材料（4人分：直径17cm丸せいろ相当）

みそぽん酢だれ（p.36参照）…………大さじ2
ごまみそだれ（p.36参照）…………大さじ2
ブロッコリー……………………適量
▶小房に分ける
さつまいも……………………½本（120g）
▶1cm厚の斜め切り
ヤングコーン……………………4本
アスパラガス……………………4本
▶根元を落として3等分に切る
チンゲンサイ……………………¼株
にんじん……………………½本（80g）
▶7～8mm厚の斜め切り

作り方

1 せいろはさっと水で濡らし、クッキングペーパーを敷き、野菜類を色よく詰める。

2 鍋に水（分量外）を入れて沸かし、1を乗せ、野菜すべてに火が通るまで強めの中火で蒸す。

3 いただくときに、みそぽん酢だれ、ごまみそだれを添える。

撮影：かぼちゃみそ

もろきゅう

発酵野菜みその風味が味わえる食べ方。いろいろな生野菜でどうぞ！

材料（4人分）

- 発酵野菜みそ……大さじ4（100g）
- A
  - 熱湯……大さじ1
  - 鰹節（薄削り）……2g
- みりん……小さじ¼
- しょう油……2～3滴
- 若いきゅうり（きゅうりでも可）……2～3本
  - ▶5㎝程度の斜め切り

作り方

1. Aを合わせた後、みりん、しょう油を加えてよく混ぜる。
2. 発酵野菜みそに1を加えてよく混ぜ、きゅうりに添える。

おすすめ発酵野菜みそ

かぼちゃ　トマト　玉ねぎ

ポイント

スティック野菜にも合います。

撮影：にんじんみそ

みそ田楽

田楽みそは、煮詰め時間で濃厚にもライトな仕上がりにもなります

材料（4人分）

- 発酵野菜みそ……大さじ2（50g）
- A
  - 砂糖…大さじ1・½
  - みりん・酒……各大さじ1
- 生麩（なければ木綿豆腐1丁・300g）……8切れ
  - ▶豆腐の場合は水気を切る
- 木の芽……8枚

作り方

1. 鍋に発酵野菜みそとAを入れて火にかけ、沸いてきたら弱火にしてよく混ぜながら4～5分、とろみがついたら火からおろす。
2. 生麩（もしくは食べやすい大きさにカットした豆腐）をトースターで焼いて、表面が乾いてきたら1を乗せてさらに焼く。
3. みそに薄く焼き色がついたら木の芽を乗せ、串を刺す。

おすすめ発酵野菜みそ

にんじん　かぼちゃ　さつまいも

ポイント

田楽みそは、生麩や豆腐以外にもこんにゃくや厚揚げ、焼きなすなどに塗ってもおいしいです。

撮影：さつまいもみそ

鯵のなめろう

みそから野菜の甘さが加わり、
食べやすく軽やかな仕上がりに

材料（4人分）

- 発酵野菜みそ……大さじ1（25g）
- 鯵（刺身用）……4枚
- 大葉……7枚
  - ▶6枚をみじん切り
- しょう油……小さじ2
- しょうがのすりおろし……1片分
- 青ねぎ……適量
  - ▶小口切り

作り方

1. 鯵としょうが、みじん切りにした大葉を合わせて包丁で細かく叩く。
2. 発酵野菜みそとしょう油をよく混ぜて**1**と和える。
3. 器に**2**を盛り、残りの大葉1枚を添え、青ねぎを散らす。

おすすめ発酵野菜みそ

さつまいも　じゃがいも　玉ねぎ

みそポテトサラダ

定番のサラダがみそのパワーで
グレードアップします

材料（4人分）

- みそマヨだれ（p.39参照）……$\frac{3}{4}$カップ（170g）
- じゃがいも……4個（600g）
- 玉ねぎ……$\frac{1}{2}$個（100g）
  - ▶薄切り
- きゅうり……$\frac{1}{2}$本
  - ▶1～2㎜厚の輪切り
- にんじん……$\frac{1}{2}$本（80g）
  - ▶薄めのいちょう切り
- ロースハム……4枚
  - ▶短冊切り
- 塩・こしょう……各少々
- ブラックペッパー……適量

作り方

1. じゃがいもは皮付きのまま、かぶるくらいの水を注いでゆでる。
2. **1**が熱いうちに皮をむき、じゃがいもの粒が少し残る程度に潰して粗熱を取る。
3. 玉ねぎは塩少々（分量外）を入れた水にさらした後、水気を絞る。にんじんは熱湯で1分ほどゆでる。
4. **2**に**3**とロースハムを加えて、みそマヨだれで和え、塩・こしょうで味をととのえる。器に盛り、お好みでブラックペッパーをふる。

ポイント

水分が出やすいので、食べる直前に和えてください。

PART

4

ご飯が進む みそ味のおかず

漬け焼き、焼きもの、揚げもの、炒めもの、和えもの、煮もの、
常備菜まで、発酵野菜みそは万能調味料としても大活躍。
みその風味を活かしたコクとうま味のある一品が出来上がります。

豚のみそしょうが焼き

肉をジューシーに柔らかく仕上げます。
冷めても食感はそのままなのでお弁当にも◎

材料（2人分）

豚ロース薄切り肉……200g
▶筋切りする

<漬け込みだれ>

発酵野菜みそ……大さじ2(50g)
しょう油……大さじ1
酒……大さじ2
みりん……小さじ2
しょうがのすりおろし……1片分
▶すべての材料をよく混ぜる

玉ねぎ……1/8個(25g)
▶7〜8㎜のくし切り
サラダ油……大さじ1
キャベツ……適量
▶千切り
水菜……適量
▶3〜4㎝長さに切る
トマト……適量
▶くし切り

作り方

1. バットに漬け込みだれを入れて、豚肉を10分漬け込む(p.51 a)。
2. フライパンにサラダ油を熱し、汁気を切った豚肉と玉ねぎを加えて、途中肉を返しながら焼く。
3. 肉の両面に焼き色がついたら、残りの漬け込みだれを加えて絡めながら煮詰める。
4. 器に盛り、キャベツ、水菜、トマトを添える。

おすすめ発酵野菜みそ

玉ねぎ　じゃがいも　さつまいも

撮影：玉ねぎみそ

漬け焼きの作り方

西京焼きの要領で肉や魚介をレシピに合わせたたれに漬け込むだけ。このひと手間で、素材にコクとうま味が生まれ、食べ応えのあるご馳走になります。下味冷凍できるので、食材をまとめ買いしたときにも重宝します

a

豚ロース肉を漬け込みだれ（p.50参照）に10分ほど漬け込む。残りのたれも味付けに使う。

b

鶏もも肉を漬け込みだれ（p.52参照）に30分以上漬け込む。

c

軽く塩をした白身魚に漬け込みだれ（p.53参照）が全体に馴染むように塗り、1切れずつラップで包む。

ポイント

発酵野菜みそを作ったらぜひ試してほしいのが漬け焼きです。肉や魚介の漬け込み時間は、漬け込みだれを料理に使う場合は短時間で、素材そのものだけを調理するときは長めに漬け込んでください。冷蔵・冷凍保存にも向きます。解凍は冷蔵庫解凍がおすすめ。解凍後は当日中に調理してください。

また、チーズやアボカド、きゅうりを漬け込んで焼かずに食べても美味。

冷蔵・冷凍の目安

空気に触れないようにラップで密封するか、保存袋の空気を抜いた状態で冷蔵・冷凍してください。

豚肉・牛肉	冷蔵当日〜翌日・冷凍2〜3週間
鶏肉	冷蔵当日〜翌日・冷凍2週間
魚介	冷蔵当日〜翌日・冷凍2週間

鶏のみそ漬け焼き、ねぎソース

パサつきがちな鶏肉も柔らかな口当たりに。
ねぎソースでさらにおいしく

材料（2人分）

鶏もも肉……1枚（300g）
▶ひと口大に切る

<漬け込みだれ>

発酵野菜みそ……大さじ1（25g）
しょう油……小さじ¼
砂糖……大さじ½
酒……大さじ1
みりん……大さじ½
▶すべての材料をよく混ぜる

<ねぎソース>

長ねぎ……30g（⅓本）
▶小口切り
鷹の爪……½本
▶輪切り
塩……ふたつまみ
ごま油……小さじ1
ブラックペッパー……適量
▶すべての材料をよく混ぜる

ごま油……小さじ1
ベビーリーフ・カットレモン……各適量

作り方

1 バットに漬け込みだれを入れて、鶏肉を30分以上漬け込む（p.51 **b**）。

2 フライパンにごま油を熱して**1**の鶏肉を並べ入れ、途中返しながら中弱火で中まで火を通す。

3 少し火を強めて、全体に焼き色をつける。

4 **3**を皿に盛り、ねぎソースをかけて、ベビーリーフ、レモンを添える。

おすすめ発酵野菜みそ

じゃがいも　さつまいも　かぼちゃ

撮影：玉ねぎみそ

白身魚のみそ漬け焼き

ふっくら柔らかなコクとうま味。
旬の脂がのった魚でぜひ試して。お弁当にも

材料（2人分）

白身魚の切り身（たら、カジキなど）……2切れ
塩……少々

＜漬け込みだれ＞

発酵野菜みそ……大さじ6（150g）
酒・みりん……各大さじ1・½
▶すべての材料をよく混ぜる

＜みょうがの甘酢漬け＞

みょうが……2個
A 酢・砂糖……各小さじ2
　塩……少々

大葉……2枚
すだち……1個
▶半分に切る

ポイント

みょうがの甘酢漬けは、多めに作り、保存袋に入れて空気を抜いた状態で冷蔵すれば2週間保存可能です。

作り方

1 白身魚は塩をふり、5分ほどおいて水気を拭く。

2 漬け込みだれを魚全体に馴染ませ、1切れずつラップで包み、冷蔵庫でひと晩おく（p.51 c）。

3 みょうがの甘酢漬けを作る。みょうがは熱湯で2分ほどゆで、水にさらした後、Aに20分ほど漬ける。

4 2の魚の表面のみそを拭い、フライパンにオーブンペーパーを敷いた上に乗せ、両面焼く（もしくは魚焼きグリルで両面を焼く）。

5 器に大葉と4を盛り、3を縦半分に切り、すだちと共に添える。

おすすめ発酵野菜みそ

玉ねぎ　じゃがいも　さつまいも

ニラみそキムチ入り餃子

香味野菜や発酵野菜みそが餡の隠し味に。
「みそぽん酢だれ」がベースのたれは、やみつきのおいしさ

材料（2人分）

<餃子の餡>

発酵野菜みそ……大さじ1（25g）
キャベツ……⅛個（150g）
ニラみそキムチ（p.80参照）……50g
干し椎茸……1枚
豚ひき肉……100g
長ねぎ……5㎝
▶みじん切り
しょうが……½片
▶みじん切り
にんにくのすりおろし……½片分
A | 塩・こしょう……各少々
　| ごま油……小さじ1
　| 干し椎茸の戻し汁……大さじ1

餃子の皮……12〜15枚
サラダ油……大さじ½

<たれ>

みそぽん酢だれ（p.36参照）……小さじ2
酢……大さじ2
ラー油……適量
▶すべての材料をよく混ぜる

作り方

1 キャベツは芯を除いてさっとゆでて水に取り、みじん切りにした後、キッチンペーパーに包んでしっかりと水気を切る。干し椎茸はひたひたの水（分量外）で戻し、石づきを取ってみじん切りにする。戻し汁はAに使う。

2 餃子の餡を作る。1と残りの餃子の餡の材料とAを合わせてよく練り混ぜ、1時間ほどおいて馴染ませる。

3 餃子の皮1枚を手に取り、2を適量乗せて皮の縁に水をつけ、ひだを取りながら包む。残りの皮も同様に包む。

4 フライパンにサラダ油を熱し、3を並べて中火にかけ、少し焼き色がつくまで焼き、熱湯¼カップ（分量外）を回し入れて蓋をし、弱火で水分がなくなるまで5分蒸し焼きにする。

5 器に盛り、たれを添える。

おすすめ発酵野菜みそ

トマト　にんじん　玉ねぎ

撮影：トマトみそ

みそハンバーグ

発酵野菜みそでタネに下味がつき、おいしさアップ。
甘さのあるみそだれも美味

材料（2人分）

玉ねぎ……………………½個（100g）
▶みじん切り
合挽き肉……………………200g
A 発酵野菜みそ……………大さじ1（25g）
　パン粉……………………¼カップ
　牛乳………………………大さじ1
　こしょう・ナツメグ………各少々
　卵…………………………½個
サラダ油……………………大さじ1
酒……………………………大さじ1

<みそだれ>

発酵野菜みそ………………大さじ2（50g）
酒・みりん…………………各大さじ2
砂糖…………………………小さじ½
水……………………………大さじ1
▶すべての材料をよく混ぜる

クレソン……………………適量
トマト………………………適量
▶くし切り

作り方

1 フライパンにサラダ油大さじ⅔を熱して玉ねぎをあめ色になるまで炒めて冷まし、合挽き肉とAを加えて粘り気が出るまでよく混ぜ、2等分にしてそれぞれ楕円形に整える。

2 フライパンに残りのサラダ油を熱し、1を強火で両面それぞれ焼き色をつけたら、酒を入れて蓋をし、弱火で中まで火を通して皿に盛る。

3 2の残った煮汁にみそだれの材料を加えて少し煮詰め、ハンバーグの上にかけ、クレソンとトマトを添える。

おすすめ発酵野菜みそ

にんじん　じゃがいも　玉ねぎ

・みそと肉のうま味成分の相乗効果でおいしさがアップ。タネは粘りが出るまでしっかりとこねてください。タネが少し柔らかくひき肉のこね方が足りないと、焼いたときに型崩れの原因になります。
・玉ねぎ½個を炒める工程はなしにして、玉ねぎみそ大さじ1に置き換えることもできます（Aの発酵野菜みそはそのまま）。

撮影：にんじんみそ

ホタテと長ねぎのチーズみそグラタン

みそ入り和風のベシャメルソースで
時短なのに贅沢な一品に

材料（2人分）

ボイルほたて……8～12個
発酵野菜みそ……大さじ2（50g）
A
- 生クリーム……1カップ
- 水……½カップ
- 鰹節（薄削り）……ふたつまみ
- 砂糖……小さじ1
- しょう油……小さじ1

薄力粉……大さじ1・½
バター……大さじ1（12g）
B
- 長ねぎ……1本
  ▶1cm厚の斜め切り
- 長芋……40g
  ▶皮をむいて2cmの角切り
- しめじ……¼パック（25g）
  ▶小房に分ける

塩・こしょう……各少々
ピザ用チーズ……適量
パン粉……適量

作り方

1 発酵野菜みそと**A**をよく混ぜ、薄力粉を少しずつ加え混ぜる。

2 フライパンにバターを熱して**B**を加え、しめじに火が通ったら、ほたてを加えて塩・こしょうをし、軽く炒める。

3 **1**を**2**に加えて火にかけ、沸いたら弱火にして4～5分混ぜながらとろみをつける。

4 **3**を耐熱の器に入れ、ピザ用チーズとパン粉をかけてトースターで焦げ目がつくまで焼く。

おすすめ発酵野菜みそ

じゃがいも　玉ねぎ　さつまいも

撮影：じゃがいもみそ

ぶりのみそ照り焼き

定番のぶりの照り焼きも発酵野菜みそを使うことで
グッと香ばしく濃厚な味わいに。ご飯が進みます

材料（2人分）

ぶりの切り身……2切れ
塩……少々
A
- 発酵野菜みそ……大さじ1（25g）
- 酒……大さじ1・½
- みりん……大さじ1
- 砂糖……小さじ1
- 水……大さじ2

▶すべての材料をよく混ぜる

小麦粉……適量
長ねぎ……½本
▶3〜4cm長さに切る
長芋……100g
▶皮をむいて1cm厚の輪切り
サラダ油……大さじ½
大根……適量
▶すりおろす

＜つけ合わせ＞
白いご飯……適量

作り方

1. ぶりに塩をふり、5分ほどおいて水気を拭き、小麦粉をはたく。
2. フライパンにサラダ油を熱し、ぶりを焼き色がつくまで両面焼いて取り出す。長ねぎと長芋もそれぞれ焼き色をつけ、取り出す。
3. フライパンの余分な油を拭き取り、**A**を加えて温め、ぶりと長ねぎ、長芋を戻し、絡めながら照りが出るまで焼く。
4. 器に盛り、お好みで大根おろしを添える。

おすすめ発酵野菜みそ
トマト　かぼちゃ　さつまいも

ぶり以外にも、カジキ、鮭、鯖などさまざまな切り身魚でも作ることができます。旬や好みに合わせて作ってみてください。

撮影：トマトみそ

撮影：かぼちゃみそ

なすと鶏もも肉の香りみそ炒め

みそと大葉の爽やかさが名コンビ。お箸が進む一品

材料（2人分）

発酵野菜みそ………… 大さじ1（25g）
鶏もも肉………………………………100g
▶ひと口大に切る
なす……………………………………2本
▶乱切り
しょうが・にんにく……………各1片
▶みじん切り
A | 酒……………………………大さじ1
　| みりん・砂糖………各大さじ½
サラダ油………………………大さじ2
塩・こしょう……………………各少々
大葉……………………………………6枚
▶粗みじん切り
長ねぎ………………………………適量
▶細めの白髪に切る
ピリ辛みそだれ（p.37参照）………適量

作り方

1. 鶏肉は塩・こしょうをふる。
2. フライパンにサラダ油大さじ½を熱し、鶏肉の皮目を下にして並べ、焼き色がついたら裏に返し、3〜4分焼き、取り出す。
3. **2**にサラダ油大さじ1・½を加えて熱し、しょうがとにんにくを香りが立つまで炒めたら、なすを加えて2〜3分炒める。
4. 鶏肉を**3**に戻し、発酵野菜みそと**A**を回し入れて炒め合わせる。
5. 大葉を加えてさっと全体に絡め、器に盛り、長ねぎを添え、お好みでピリ辛みそだれを添える。

おすすめ発酵野菜みそ

かぼちゃ　じゃがいも　さつまいも

回鍋肉（ホイコーロー）

自家製「焼肉みそだれ」を利用。豚肉は塩ゆで。時短かつ本格的な仕上がりに

材料（2人分）

焼肉みそだれ（p.37参照）……大さじ4（100g）
豚ばら薄切り肉……180g
▶5㎝幅に切る
塩……少々
長ねぎ……1/2本
▶縦半分に切り、斜め薄切り
キャベツ……1/5個（約250g）
▶芯を除き大きめのひと口大
ピーマン……2個
▶ひと口大の乱切り
にんにく……1片
▶薄切り
豆板醤・しょう油……各小さじ1
サラダ油……大さじ1
酒……大さじ1
炒りごま（白）……適量

作り方

1. 豚肉はたっぷりの湯（分量外）に塩少々を加えた中でゆで、肉の色が変わったらざるに上げてしっかりと水気を切る。
2. フライパンにサラダ油を熱し、にんにくを香りが出るまで炒め、長ねぎを加えてさらに炒める。
3. 2に焼肉みそだれ大さじ3と豆板醤を加えて炒め、香りが立ってきたら、1を加えて絡める。
4. キャベツとピーマンを乗せて酒をふり、蓋をして、1～2分蒸し焼きにする。
5. 蓋を取り、キャベツがしんなりするまで水分を飛ばす。焼肉みそだれ大さじ1としょう油をさっと加え混ぜて火を止める。器に盛り、炒りごまをふる。

肉みそ入りコロッケ

「発酵野菜肉みそ」を作ったらぜひ。
じゃがいもをゆでればタネが完成するのでラクラク

材料（2人分）

発酵野菜肉みそ（p.76参照）……80g
じゃがいも……250g
塩・こしょう・ナツメグ……各少々
小麦粉・卵・パン粉……各適量
揚げ油……適量

<つけ合わせ>

キャベツ……適量
▶千切り
トマト……適量
▶くし切り
パセリ……適量
▶みじん切り
中濃ソース……適量

作り方

1. じゃがいもは皮ごとゆで、竹串がすっと通るようになったら取り出して皮をむき、ボウルに入れ、フォークなどで細かく潰す。
2. **1**に発酵野菜肉みそと塩・こしょう・ナツメグを加えて、よく混ぜ合わせる。
3. 4等分にしてそれぞれを俵形に成形する。
4. **3**を小麦粉・溶き卵・パン粉の順に衣をつけ、180度に熱した油できつね色に揚げる。
5. 皿にパセリを散らしたキャベツ・トマトと共に**4**を盛り、中濃ソースを添える。

撮影：にんじんみそ

海老とアスパラのみそマヨ炒め

うま味の宝庫。絶妙なおいしさを味わって。
お弁当にもおすすめです

材料（2人分）

発酵野菜みそ……大さじ1(25g)
海老……8尾
アスパラガス……1束
にんにく……½片
▶みじん切り
A オイスターソース……大さじ½
　マヨネーズ……大さじ1・½
　砂糖……小さじ½
塩……適量
こしょう……少々
片栗粉……小さじ2
サラダ油……大さじ1

作り方

1 アスパラガスは根元を切り、下の皮の厚い部分をピーラーでむいて食べやすい長さに斜めに切る。海老は殻をむいて背ワタを取って洗い、水気を拭いて、塩をふり、片栗粉をまぶす。

2 フライパンにサラダ油を熱し、にんにくを香りが立つまで炒め、海老を加えて両面焼く。

3 アスパラガスを加えて火が通ったら、発酵野菜みそと**A**を加えて炒め、塩・こしょうで味をととのえる。

おすすめ発酵野菜みそ

にんじん　さつまいも　玉ねぎ

鮭のちゃんちゃん焼き

どなたでも食べやすい、
バターと発酵野菜みそのマイルドでやさしい風味のおかず

材料（2人分）

生鮭……2切れ

A
- キャベツ……⅛個（150g）
  - ▶ざく切り
- 玉ねぎ……¼個（50g）
  - ▶1cm幅のくし切り
- エリンギ……1本（40g）
  - ▶1cm幅に割く
- もやし……½袋（100g）
  - ▶ひげ根を取る
- にんじん……⅕本（30g）
  - ▶細切り
- ピーマン……1個
  - ▶1cm幅の細切り

B
- 発酵野菜みそ……大さじ2（50g）
- しょう油・砂糖……各小さじ1
  - ▶すべての材料をよく混ぜる

塩・こしょう……各少々
バター……大さじ2（24g）
酒……大さじ2

作り方

1. 鮭に塩・こしょうをふる。
2. フライパンを熱してバター大さじ1を溶かし、鮭の皮目を下にして焼き、焼き色がついたら裏に返して同様に焼いて取り出す。
3. **2**に**A**を入れてさっと炒めて**B**の⅔量を混ぜる。**2**の鮭を戻して酒をふり、蓋をして野菜を蒸し焼きにする。
4. 残りの**B**とバターを乗せ、余熱でバターを溶かす。

おすすめ発酵野菜みそ

にんじん　かぼちゃ　じゃがいも

鮭は事前に塩をふっておくことで生臭さが抜けます。野菜はお好みのものでOK。冷蔵庫の余りものなどうまく活用してみてください。

撮影：にんじんみそ

きのこのホイル焼き・みそぽん和え

きのこがたっぷりいただけるヘルシーメニュー

材料（2人分）

みそぽん酢だれ（p.36参照）……大さじ2
椎茸……4枚（60g）
▶石づきを取り十字に切る
しめじ……½パック（50g）
▶小房に分ける
えのきだけ……½袋（50g）
▶裾を落とし半分の長さに切って割く
にんにく……½片
▶みじん切り
ごま油……大さじ1
バター……大さじ1（12g）
塩……少々
青ねぎ……適量
▶小口切り
レモンスライス……2枚

作り方

1 アルミホイルを大きめに広げ、ごま油を塗り広げる。

2 1にきのこ類とにんにくを混ぜて乗せたら、バターをちぎって数ヵ所に散らし、塩をふり、アルミホイルで包む（包みきれないときは上からさらにアルミホイルをかぶせる）。

3 トースターで2を20分蒸し焼きにする。

4 3を取り出し、みそぽん酢だれと和える。器に盛り、青ねぎを散らし、レモンを添える。

ポイント

きのこに魚や鶏肉などを加えて蒸し焼きにすればメインのおかずになります。

パクチーとトマトのみそ白和え

アジアン風味のさっぱりとした白和え。青菜や根菜の白和えにも応用できます

材料（2人分）

ごまみそだれ（p.36参照）……大さじ2
絹ごし豆腐……½丁（150g）
パクチー……⅕束（10g）
▶根元を落として1cm長さに切る
トマト（小）……1個
▶8等分のくし切り
塩……少々
アーモンド……適量
▶あら刻み

作り方

【下準備】
豆腐はキッチンペーパーで包んで上から皿などで重石をし、1時間ほどおいて水切りする。

1 ボウルにごまみそだれと豆腐、パクチー、トマト、塩を入れ、豆腐を崩しながら和え、器に盛る。

2 フライパンでアーモンドを焦がさないようにから炒りし、1にかける。

きのこのホイル焼き・
みそぽん和え

パクチーとトマトのみそ白和え

春菊とくるみのみそ和え

くるみの香ばしさと発酵野菜みその風味が心地よい一品

材料（2人分）

- 発酵野菜みそ……大さじ1(25g)
- 春菊……½束
- くるみ……15g
- A｜しょう油・砂糖……各小さじ⅛

おすすめ発酵野菜みそ

さつまいも　かぼちゃ　じゃがいも

作り方

1. 春菊は茎と葉の部分を分け、塩（分量外）を入れた熱湯で茎の部分を30〜40秒ほどゆで、葉の部分を加えてさらに20秒ほどゆでる。冷水にさらし、水気を切り、食べやすい長さに切る。
2. くるみはフライパンでから炒りし、厚めの袋に入れてめん棒などで粗く砕く。
3. 発酵野菜みそとA、2をよく混ぜ合わせ1と和える。

蓮根とひじきのみそドレッシング和え

ヨーグルトみそドレッシングで爽やかな和えものに

材料（2人分）

- ヨーグルトみそドレッシング(p.38参照)……大さじ2
- 蓮根……小⅔節(80g)
  - ▶2㎜厚のいちょう切り
- ひじき(乾燥)……5g
- にんじん……⅕本(30g)
  - ▶千切り
- ホールコーン缶……25g
- はちみつ……小さじ¼
- 塩・こしょう……各少々
- 絹さや……1枚

作り方

1. ひじきは戻し、水気を切る。蓮根は酢水（分量外）につけておく。絹さやはさっとゆでて斜め細切りにする。
2. 鍋に水（分量外）とひじき・蓮根・にんじんを入れて沸騰させ5分ゆでる。ざるに上げ、しっかりと水気を切る。
3. 2とホールコーンを合わせ、ヨーグルトみそドレッシングとはちみつで和え、塩・こしょうで味をととのえ、器に盛り、絹さやを散らす。

鶏ささみといんげんの辛子酢みそ和え

食感もよく、程よい酸味と辛みが効いています

材料（2人分）

- 発酵野菜みそ……大さじ1(25g)
- 鶏ささみ……2本(100g)
- 酒……大さじ1
- いんげん……70g
  - ▶へたを切り落とし、2〜3等分に切る
- A｜砂糖……小さじ2
- ｜酢……大さじ1
- ｜炒りごま(白)・練り辛子……各小さじ½

作り方

1. 鶏ささみは筋を取り、耐熱容器に入れて酒をふり、ふんわりとラップをして600Wのレンジで2分30秒加熱した後、食べやすい大きさに割く。いんげんは塩少々（分量外）を入れた熱湯で2分ほどゆでる。
2. ボウルに発酵野菜みそとAを入れてよく混ぜ、鶏ささみといんげんを加えて和え、器に盛る。

おすすめ発酵野菜みそ

じゃがいも　さつまいも　かぼちゃ

春菊とくるみの
みそ和え

撮影：さつまいもみそ

蓮根とひじきの
みそドレッシング和え

鶏ささみといんげんの
辛子酢みそ和え

撮影：じゃがいもみそ

撮影：玉ねぎみそ

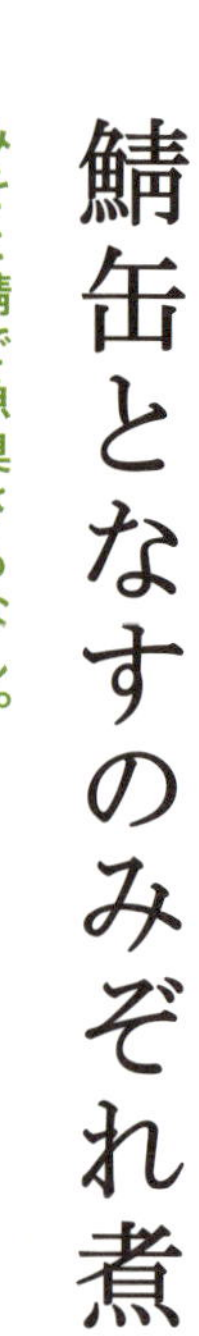

鯖缶となすのみぞれ煮

みそと鯖で魚臭さもなし。
煮汁まで後を引くおいしさ

材料（2人分）

発酵野菜みそ……大さじ1（25g）
鯖缶（水煮）……1缶（190g）
▶汁も使う
なす……1本
▶ひと口大の乱切り
大根……100g
▶すりおろす
A｜しょう油……小さじ2
｜砂糖・みりん……各小さじ1
｜水……80mℓ
サラダ油……小さじ1
青ねぎ……適量
▶小口切り

作り方

1 鍋にサラダ油を熱し、なすをさっと炒めて取り出す。

2 1に発酵野菜みそとA、鯖缶の缶汁を入れて火にかけ、煮立ったら、なすと鯖の身を加えて弱火で5分ほど煮る。

3 大根おろしを加えてひと煮立ちさせ、火からおろし、器に盛り、青ねぎを散らす。

おすすめ発酵野菜みそ

玉ねぎ　トマト　にんじん

撮影：さつまいもみそ

厚揚げとこんにゃくのみそ煮

シンプルながら滋味深い味わい。そしてヘルシー

材料（2人分）

- 発酵野菜みそ……大さじ1・½（40g）
- 厚揚げ……2枚
- こんにゃく……1枚（300g）
  - ▶スプーンでひと口大に切る
- A
  - 酒……大さじ½
  - しょう油・砂糖…各小さじ1・½
  - 鰹節（薄削り）……3つまみ
  - 水……1カップ
- ごま油……大さじ½
- 長ねぎ……¼本
  - ▶小口切り
- 七味……適量

作り方

1. 厚揚げは熱湯をかけて油抜きし、1枚を8等分に切る。こんにゃくはさっと下ゆでする。
2. 鍋にごま油を熱し、水気を切った1を加えてさっと炒める。
3. 発酵野菜みそとAを加えて煮立ったら、落とし蓋をして弱火で10分煮る。
4. 落とし蓋を取り、煮汁が⅓程度になるまで煮詰めたら器に盛り、長ねぎを乗せ、お好みで七味をふる。

おすすめ発酵野菜みそ

さつまいも　かぼちゃ　じゃがいも

みそビーフシチュー

発酵野菜みそをプラスするだけで、味に深みとコクも。煮込み時間も短縮できます

材料（約2人分）

牛肉（肩・ももなどのシチュー用）……200g
▶ひと口大に切る
玉ねぎ……1/2個（100g）
▶4等分のくし切り
にんじん……1/2本（75g）
▶乱切り
じゃがいも……1/2個（75g）
▶乱切り
蓮根……小2/3節（80g）
▶乱切り
舞茸……1/2パック（50g）
▶食べやすい大きさに割く
A
- 発酵野菜みそ……大さじ3（75g）
- デミグラスソース缶……130g
- トマト水煮缶（カットタイプ）……130g
- ローリエ……1枚
- 水……1カップ

塩・こしょう……各少々
薄力粉……大さじ1
オリーブ油……大さじ1
バター……大さじ1（12g）
ブロッコリー……1/4株
▶小房に分ける

<つけ合わせ>
バゲット……適量

作り方

1 牛肉は塩・こしょうをして薄力粉をまぶす。鍋にオリーブ油を引いて牛肉を炒め、表面に焼き色がついたら取り出す。

2 **1**の鍋にバターを熱し、玉ねぎ、にんじん、じゃがいも、蓮根、舞茸の順に加えて炒め、油を馴染ませる。

3 **1**を戻し、**A**を加えて牛肉が柔らかくなるまで約40分煮込む。

4 別の鍋で熱湯に塩（分量外）を加えてブロッコリーをゆでたら、**3**に加える。

おすすめ発酵野菜みそ

かぼちゃ　じゃがいも　さつまいも

牛肉は、煮込む前に表面を焼くことでうま味を閉じ込め、煮崩れを防止し、口の中で柔らかな食感に仕上がります。

撮影：かぼちゃみそ

発酵野菜肉みそ

しっかりした味付けながら、みそから野菜の甘さが引き立つ風味豊かな肉みそ。
そのまま食べても料理に加えても

材料（出来上がり量約200g）

発酵野菜みそ	大さじ2（50g）
豚ひき肉	100g
玉ねぎ	¼個（50g）
▶みじん切り	
しょうが	1片
▶みじん切り	
A 酒	大さじ2
A 水	¼カップ
B しょう油・砂糖	各大さじ½
サラダ油	大さじ½
粉山椒	適量

＜アレンジ＞

レタス	適量

作り方

1. フライパンにサラダ油を熱し、しょうが、玉ねぎを加えて炒める。玉ねぎに火が通ったら豚ひき肉を加えてさらに炒める。
2. **A**を加えて混ぜながら水分を飛ばす。
3. 発酵野菜みそと**B**を加えて水分を飛ばし、全体に味が馴染んだらお好みで粉山椒をふる。

【アレンジ】
レタスに適量の発酵野菜肉みそを乗せていただく。

おすすめ発酵野菜みそ

かぼちゃ　じゃがいも　玉ねぎ

レタス包みのほか、餃子やポテトサラダのタネ、ジャージャー麺（p.82参照）、ビビンパ（p.92参照）、卵焼きなどに。

冷蔵保存 3日

撮影：かぼちゃみそ

みそきんぴら

定番のきんぴらも発酵野菜みそで作ると風味も格別。
根菜のほか、セロリを加えてみても◎

材料（出来上がり量約230g）

発酵野菜みそ……大さじ2（50g）
ごぼう……1本（150g）
▶ささがきにして水にさらす
にんじん……1/3本（50g）
▶皮をむき5cm長さの細切り
A 鷹の爪（輪切り）……1本分
砂糖……小さじ1
みりん……大さじ1/2
酒・しょう油……各大さじ1
ごま油……小さじ1
炒りごま（白）……適量
七味……適量

<アレンジ>
白いご飯……適量

作り方

1 フライパンにごま油を引いてごぼうとにんじんを入れて油が馴染むまで炒める。

2 発酵野菜みそとAを加えて汁気がなくなるまで炒め、仕上げに炒りごまと七味を加えて混ぜる。

【アレンジ】
白いご飯に適量を混ぜておにぎりにする。

おすすめ発酵野菜みそ
じゃがいも　にんじん　さつまいも

冷蔵保存 5日

ちりめん入りみそ大豆青菜和え

カルシウムたっぷりの常備菜。
ご飯に混ぜても、お茶漬けにしても

材料（出来上がり量約350g）

発酵野菜みそ……大さじ2（50g）
しらす干し……40g
大豆（水煮）……120g
小松菜……1束
A 酒……大さじ3
みりん・砂糖……各大さじ1
しょう油……小さじ1
サラダ油……大さじ1/2
炒りごま（白）……適量

<アレンジ>
白いご飯……適量

作り方

1 小松菜は少量の塩（分量外）を加えた熱湯でゆで、冷水に取って水気を切った後、3〜4cm長さに切る。

2 フライパンにサラダ油を熱し、大豆の水煮としらす干しを炒める。

3 大豆としらす干し全体に薄く焼き色がついたら、発酵野菜みそとAを加え、汁気がなくなるまで炒める。1を加えて和え、炒りごまを混ぜる。

【アレンジ】
白いご飯に適量を混ぜておにぎりにする。

おすすめ発酵野菜みそ
さつまいも　かぼちゃ　じゃがいも

冷蔵保存 3〜4日

おにぎり2種
左　ちりめん入りみそ大豆青菜和え入り
右　みそきんぴら入り

ちりめん入りみそ大豆青菜和え

撮影：さつまいもみそ

みそきんぴら

撮影：じゃがいもみそ

ニラみそキムチ

自家製「ピリ辛みそだれ」とニラを和えるだけ

材料（出来上がり量約200g）

ピリ辛みそだれ（p.37参照）‥大さじ1
ニラ……………………1束
▶1cm幅に切る

A
りんご……………………1/6個
▶すりおろす
しょうがのすりおろし…1/2片分
韓国唐辛子………………小さじ1
しょう油……………大さじ1・1/2

<アレンジ>

冷や奴……………………適量

作り方

1 ピリ辛みそだれとAを合わせ、ニラを加えてしっかり混ぜる。

2 清潔な保存容器に入れ、1時間以上おく。

【アレンジ】

冷や奴に適量をトッピングする。

冷や奴、ご飯、お蕎麦のトッピングのほか、ビビンパ（p.92参照）、野菜の和えもの、炒めもの、餃子のタネなどに。日ごとに発酵するので風味も変わります。

冷蔵保存 5日

PART 5

みそ味の主食
メインにもなる

定番のご飯もの、粉ものは、発酵野菜みそを使えば味が決まりやすくなります。PART4で紹介した常備菜を応用すればさらに時短に。忙しい毎日に大活躍する献立を紹介します。

ジャージャー麺

「発酵野菜肉みそ」を活用した汁なし麺。
シャキシャキのきゅうりがアクセント

材料（2人分）

発酵野菜肉みそ（p.76参照）……180g
中華麺（生）……2玉（240g）
椎茸……2枚
▶石づきを取り粗みじん切り
たけのこ（水煮）……60g
▶粗みじん切り
甜麺醤（テンメンジャン）……大さじ1・1/3
鶏がらスープの素……小さじ1
水……2カップ

A
長ねぎ……5cm
▶みじん切り
にんにく……1/2片
▶みじん切り

B
しょう油……大さじ1
砂糖・酒……各大さじ1/2
こしょう……少々

C
片栗粉……大さじ1
水……大さじ2

サラダ油……小さじ1
ごま油……大さじ1

<トッピング>

きゅうり……1本
▶千切り
長ねぎ……適量
▶細めの白髪に切る

作り方

1. フライパンにサラダ油を熱して**A**を加え、香りが出てきたら発酵野菜肉みそと甜麺醤を加えて炒める。
2. 椎茸とたけのこを加えて炒めたら、水と鶏がらスープの素を入れて煮立てる。
3. **B**を加えて再び沸いてきたら**C**を加えてとろみをつけ、ごま油の半量を回しかける。
4. 中華麺を表示通りにゆで、ざるに上げて冷水でよく締める。水気をよく切り、残りのごま油を絡める。
5. 器に麺を盛り、**3**をかけ、きゅうりと白髪ねぎを乗せる。

撮影：玉ねぎみそ

みそ煮込み鍋

スープごといただけます。締めはうどんで！
もつ鍋にも応用できます

材料（2人分）

発酵野菜みそ……大さじ3（75g）
豚薄切り肉（しゃぶしゃぶ用）……150g
▶ひと口大に切る
ごぼう……½本（75g）
▶ささがきにして水にさらす
もやし……100g
▶ひげ根を取る
キャベツ……¼個（300g）
▶ひと口大のざく切り
木綿豆腐……¼丁（75g）
▶薄切り
ニラ……½束
▶4～5㎝長さに切る
A すりごま（白）……大さじ1・½
　にんにく・しょうがの
　　すりおろし……各½片分
　昆布茶・しょう油……各小さじ2
　みりん……大さじ1
　鷹の爪……小さじ½
　▶輪切り
　水……1・½カップ
すりごま（白）……適量
うどん（生）……1玉（200g）

作り方

1 鍋に発酵野菜みそとAを入れて火にかけ、煮立たせる。

2 豚肉とごぼうを加え、豚肉に火が通ったらもやし、キャベツ、豆腐を加えて煮込む。

3 2の野菜に火が通ったら、ニラを加えさっと煮立て、すりごまをふる。お好みで締めにうどんを煮込んでいただく。

おすすめ発酵野菜みそ

玉ねぎ　にんじん　じゃがいも

豚薄切り肉はもつに代えてもおいしいです。

撮影：にんじんみそ

みそタコ飯

タコ&しょうがの養生飯。
薄味でもみそがお米にうま味を注入

材料（2人分）

発酵野菜みそ………… 大さじ1（25g）
米…………………………………………1合
ゆでダコ………………………………… 80g
▶2㎝程度のぶつ切り
舞茸……………………………………… 30g
▶食べやすい大きさに割く
油揚げ………………………………… ½枚
▶熱湯で油抜きし、横半分、5㎜幅に切る
しょうが……………………………… 2片
▶千切り
A　だし汁………………………… ½カップ
　しょう油……………… 小さじ1・½
　酒………………………………… 大さじ½
絹さや…………………………………… 2枚
▶さっとゆでて斜め細切り

<つけ合わせ>
乾燥野菜と高野豆腐のみそ玉のみそ汁（p.28参照）

作り方

【下準備】
米は洗って30分以上浸水させてざるに上げる。

1. 炊飯器に米と発酵野菜みそ・**A**を入れ、内釜の1合の目盛りに合わせて水（分量外）を入れる。
2. タコ、舞茸、油揚げ、しょうがを**1**の上に乗せ、炊飯する。
3. 炊き上がったらざっと混ぜ、器に盛り、絹さやを散らす。

おすすめ発酵野菜みそ

にんじん　玉ねぎ　さつまいも

撮影：トマトみそ

冷や汁

食欲がないときの栄養補給や体力回復に。
素麺にかけてもおすすめ

材料（2人分）

発酵野菜みそ……大さじ3・1/3（85g）
鯵の干物……小ぶり1尾
きゅうり……1/2本
▶薄い輪切り
塩……少々
みょうが……1個
▶小口切り
だし汁（冷たいもの）……2カップ
木綿豆腐……1/8丁（40g）
▶1〜2cm角に切る
大葉……4枚
▶千切り
炒りごま（白）……小さじ1
白いご飯……適量

作り方

1 鯵の干物は魚焼きグリルで焼いた後、骨を取り除いてほぐす。きゅうりは塩をふり、5分ほどおいて水気を切る。みょうがは冷水にさっとさらし、水気をよく切る。

2 すり鉢などに発酵野菜みそを入れ、だし汁を少しずつ加えて溶きのばし、ご飯以外の材料をすべて加え、混ぜる。

3 器にご飯を入れ、**2**をかけていただく。

おすすめ発酵野菜みそ

トマト　じゃがいも　にんじん

撮影：かぼちゃみそ

発酵野菜みそ粥

みその個性が出てカラフルなお粥さんに。
うま味と塩気が効いて胃腸にもやさしい

材料（2人分）

発酵野菜みそ……大さじ2（50g）
米……½合
水……3・½カップ

作り方

1 米は研いで鍋に入れ、水を入れて火にかけ、沸騰したら弱火で40分煮る。

2 発酵野菜みその半量を加えて2〜3分煮る。

3 器に盛り、残りの発酵野菜みそを乗せる。

※炊飯器で調理する場合は、お粥モードで炊いてください。炊き上がりに発酵野菜みその半量を混ぜ入れ、いただくときに残りの発酵野菜みそを乗せてください。

おすすめ発酵野菜みそ

かぼちゃ　トマト　にんじん

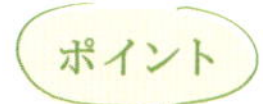
ポイント

卵を加えておじやにしてもおいしいです。

撮影：にんじんみそ

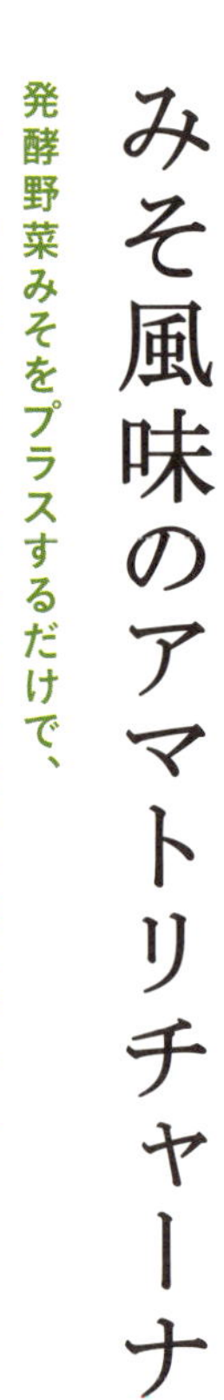

みそ風味のアマトリチャーナ

発酵野菜みそをプラスするだけで、
トマトの風味が引き立つ本格的な味が手軽に作れます

材料（2人分）

- 発酵野菜みそ…………大さじ3（75g）
- ベーコン（ブロック）…………60g
  - ▶5㎜厚、7〜8㎜幅に切る
- 玉ねぎ…………¼個（50g）
  - ▶薄切り
- パスタ（お好みのもの）…………200g
- トマト水煮缶（カットタイプ）……300g
- 白ワイン…………大さじ1
- にんにく…………1片
  - ▶みじん切り
- 鷹の爪…………小さじ1
  - ▶輪切り
- オリーブ油…………大さじ1
- 粉チーズ…………適量
- パセリ…………適量
  - ▶みじん切り

作り方

1. フライパンにオリーブ油を熱し、にんにくと鷹の爪を入れ、香りが出てきたらベーコンと玉ねぎを炒める。
2. 玉ねぎがしんなりしたら、発酵野菜みそ、白ワイン、トマト缶を加えて8分ほど煮詰める。
3. パスタはたっぷりの熱湯に塩（共に分量外）を入れて表示通りにゆで、水気を切る。
4. **2**と**3**を合わせて器に盛り、粉チーズをかけ、パセリを散らす。

おすすめ発酵野菜みそ

にんじん　トマト　玉ねぎ

撮影：じゃがいもみそ

鶏肉のクリームリゾット

みそをプラスすることでうま味倍増！
出来立ては格別です

材料（2～3人分）

- 発酵野菜みそ……大さじ3（75g）
- 米（洗わない）……1合
- 鶏もも肉……1枚（200g）
  - ▶3cm大に切り、塩少々をふる
- にんにく……½片
  - ▶みじん切り
- 玉ねぎ……¼個（50g）
  - ▶みじん切り
- しめじ……1パック（100g）
  - ▶小房に分ける
- A
  - 顆粒コンソメ……小さじ1
  - 湯……2・½カップ
  - ▶すべての材料をよく混ぜる
- オリーブ油……大さじ1
- 塩……小さじ¼
- 白ワイン・生クリーム…各¼カップ
- 粉チーズ……大さじ2
- バター……大さじ1（12g）
- イタリアンパセリ・ブラックペッパー……各適量

作り方

1. フライパンにオリーブ油を熱し、鶏肉の皮目を下にして並べ入れ、強火でこんがり焼く。裏に返して同様に焼き、油を残して鶏肉を取り出す。
2. 1に、にんにく、玉ねぎ、しめじを入れて炒める。玉ねぎが透き通ったら米と塩を加え、全体に油が回るまで炒める。
3. 鶏肉を戻し入れ、白ワインを加えて煮立たせてアルコール分を飛ばす。
4. 発酵野菜みそとAの1カップ分を加えて時々混ぜながら煮詰め、汁気がなくなったら、同様に残りのAの½量を2回に分けて加えて、米の芯が少し残るくらいまで煮詰める。
5. 生クリームを加えて混ぜ、味をみて必要であれば塩・こしょう（共に分量外）で味をととのえて火を止め、バターと粉チーズを加えて混ぜる。バターが溶けたら器に盛り、お好みでイタリアンパセリとブラックペッパーを散らす。

おすすめ発酵野菜みそ

じゃがいも　かぼちゃ　さつまいも

さつまいものみそ蒸しパン

甘さとみその塩気がほんのりと効いたおやつ。
朝食にもどうぞ

材料（直径5cmの紙カップ4個分）

発酵野菜みそ……大さじ1（25g）
さつまいも……40g
薄力粉……100g
ベーキングパウダー……5g
A 牛乳……70mℓ
卵……1個
はちみつ……大さじ2
砂糖……大さじ2・⅓（20g）
サラダ油……小さじ2
▶すべての材料をよく混ぜる
炒りごま（黒）……適量

作り方

1. さつまいもは皮ごと洗い、1〜2cmの角切りにし、水にさらす。
2. **1**を濡れたまま耐熱皿に広げてラップをふんわりかけ、600Wの電子レンジで1分30秒加熱する。
3. ボウルに薄力粉とベーキングパウダーを合わせてふるう。
4. **A**と発酵野菜みそを**3**に加えてなめらかな状態になるまで泡立て器で混ぜ合わせる。
5. **4**を紙カップに均等に流したら**2**のさつまいもと黒ごまを散らし、蒸気（じょうき）の上がった蒸し器で約15分蒸す。

おすすめ発酵野菜みそ

さつまいも　かぼちゃ　じゃがいも

撮影：さつまいもみそ

ビビンパ

常備菜2種、「発酵野菜肉みそ」と「ニラみそキムチ」を合わせて作る簡単ビビンパ。
甘辛の風味で食欲アップ

材料(2人分)

発酵野菜肉みそ(p.76参照)	60g
ニラみそキムチ(p.80参照)	60g
にんじん ▶細切り	1/3本(50g)
もやし ▶ひげ根を取る	50g
ほうれん草	2株(50g)
ごま油	小さじ1
塩	小さじ1/2
炒りごま(白)	小さじ1/4
白いご飯	お茶碗2杯分
卵黄	2個
コチュジャン	適量

作り方

1 ほうれん草は洗って塩(分量外)を加えた熱湯で1分半ほどゆでて冷水に取って水気を切り、4㎝長さに切る。にんじんともやしもそれぞれゆでる。

2 **1**にごま油と塩、炒りごまを加えて和える。

3 器にご飯1杯分を入れ、発酵野菜肉みそ・ニラみそキムチ・**2**の各半量と卵黄1個を乗せ、お好みでコチュジャンを乗せる。もうひとつも同様にする。よく混ぜていただく。

もっと知りたい！

発酵野菜みそのQ&A

発酵野菜みその作り方や利用法など、慣れるまでは疑問が生じるもの。
最後にそういった質問にお答えするコーナーを設けましたので参考にしてください。

Q1 野菜を蒸すときに、どれくらい柔らかくしたらいいのですか？

A いも類は潰したときにポテトサラダができるくらいが目安です。にんじん、玉ねぎはブレンダーをかけるので、箸が通るくらいまで蒸してください。トマトは皮がクシュっとシワシワになるくらいがいいでしょう。

Q2 発酵野菜みそに使う塩の種類はなんでもよいですか？

A どの塩でも作ることは可能ですが、天然塩がおすすめです。塩に含まれるミネラルが、みその深みやまろやかさに影響するため、可能であれば精製塩よりも天然塩を選ぶとよいでしょう。

ゲランドの塩（微粒）
（富澤商店）

Q3 ブレンダーや裏漉し器がないのですがみそは作れますか？

A かぼちゃみそ、さつまいもみそ、じゃがいもみそ、トマトみそは野菜を潰すだけなので、麹の粒が気にならなければ、みそは作れます。裏漉し器やブレンダーを使うのは粒みそを漉しみそにするためです。ただし、にんじんや玉ねぎは繊維が固いため、ブレンダーやフードプロセッサーが必要になります。

蒸した野菜を潰すだけでみそは作れます（にんじんみそと玉ねぎみそは撹拌が必要です）。

Q4 発酵させる時間ですが、8時間と12時間だとどう違いますか？ また、どういう状態になれば「完成」といえるのでしょうか？

A 8時間でみそは出来上がりますが、そこから時間が経てば経つほど、水分が少しずつ蒸発していくので、少し固めになり心持ち熟成されたような感じになります。お好みで時間を調節してみてください。基本的に、8時間経過して、米麹が柔らかくなり、野菜と馴染めば完成です。

Q5 「炊飯器で」とありますが、自動調理器でもみそは作れますか？

A 機種によりますが、保温機能が8時間以上ついているものであれば可能です。甘酒モードや発酵モードの機能がついていればお使いください（蓋は閉めて調理します）。ない場合は、60度の設定で8時間保温し、途中ゴムべらなどで混ぜてください。自動調理器を使用する場合は、本書の各みそのレシピの材料の水を30mℓに、玉ねぎ、トマトは水なしで作ってください。水分は目安になりますので機種により調整してください。また、野菜は自動調理器で蒸すか、別に蒸してください。玉ねぎ、にんじんは、別途撹拌が必要です。

Q6 みその使い分け方のコツはありますか？

A 基本どのみそを使ってもよいですが、もし迷った場合は、料理の中に入っている野菜と同じものを使えば失敗がないと思います（玉ねぎが入っているものは玉ねぎみそなど）。慣れてきたら、以下を参考に使い分けてください。

トマトみそは酸味があるので、料理に酸味をプラスしたいときに。

かぼちゃ、さつまいものみそは甘さをプラスしたいときに。

かぼちゃ、にんじんのみそは料理に色味をつけたいときに。

じゃがいも、玉ねぎ、にんじんのみそは料理の素材の味を活かしたいときに。

Q7 だしの味が物足りないときはどうすればいいですか？

A うま味には、主にみそや肉、魚介、野菜からのグルタミン酸、鰹節、魚介、肉からのイノシン酸、干し椎茸からのグアニル酸があります。発酵野菜みそだけでうま味が足りないときは鰹節を足すとうま味の相乗効果でおいしくなります。干し椎茸は調理しないといけない反面、鰹節はふりかけるだけというお手軽さです。干し椎茸がレシピに入っている場合は戻し汁も活用するとよいでしょう。

かつおかれぶし
（富澤商店）

Q8 トマトみそだけ材料の配合が違うのは何故ですか？

A トマトはみそにする発酵の過程で、お餅みたいな粘りが出るため、あえて配合を変えています。

Q9 トマト缶でもみそは作れますか？

A 無塩タイプの400ｇ缶で同様に作ることができます。本書のトマトみそのレシピ（p.16参照）を参考に野菜を蒸す工程を省いて、水なしで作ってください。塩を混ぜるときは、トマトの水分で溶いてください。洋風の料理に合います。

著者　木村幸子（きむら・さちこ）

料理家・お菓子研究家。東京青山にて「洋菓子教室トロワ・スール」を主宰。NHK文化センター青山／大阪梅田教室にて長年にわたり講座を担当。発酵食やグルテンフリー、ヴィーガン、低糖質、はちみつを使用した体にやさしいお菓子や料理のレシピ開発・監修の実績多数。企業や店舗の新商品やメニュー開発に数多く携わるほか、TV・雑誌、WEBでの監修・出演・コーディネート等幅広く活躍している。2012年2月に「最大のチョコレートキャンディーの彫刻」の分野にて、ギネス世界記録のお菓子の製作、世界記録と認定される。
著書『発酵あんこのおやつ』『発酵ベジあんのおかずとおやつ』（共にWAVE出版）。『毎日がしあわせになるはちみつ生活』『罪悪感のない間食・夜食』『保存容器と電子レンジでできる　アイスクリーム＆シャーベット』（すべて主婦の友社）。料理監修『発酵あずきとあずき茶をとりなさい』（WAVE出版）『高野豆腐ダイエットレシピ』（河出書房新社）ほか、著書監修本多数。

公式HP　https://trois-soeurs.com
Instagramアカウント　@trois_soeurs

監修　藤井 寛（ふじい・ひろし）

発酵あんこ研究家・甘酒探求家（甘酒ソムリエ）。
1985年、東京都新宿区生まれ。甘酒造り歴29年、日本全国の蔵元・醸造元の甘酒や甘酒にまつわる情報を発信する甘酒情報サイト「あまざけ.com」を運営している。幼いころから祖父の漬けた漬物や、手作りのみそ、母親が日常的に作っていた甘酒など、発酵食品に親しみのある環境で育つ。たまたま図書館で見つけた本に刺激を受けて発酵食品を作り出す食品微生物に興味を持つ。その後、東京農業大学醸造科学科卒業、同大学大学院を2013年に修了。
監修『発酵あんこのおやつ』『発酵ベジあんのおかずとおやつ』（共にWAVE出版）、著書に『元気をつくる！　麹の甘酒図鑑』（主婦の友社）、『甘酒のほん　知る、味わう、たずねる』（山川出版社）がある。各地講演会やセミナー、テレビ、雑誌などで活躍中。

公式HP　あまざけ.com

STAFF
アートディレクション　大薮胤美（フレーズ）
ブックデザイン　宮代佑子（フレーズ）
撮影　山本ひろこ
編集・スタイリング　早草れい子（Corfu企画）
校正　株式会社ぷれす

材料提供
● **株式会社富澤商店**
オンラインショップ
https://tomiz.com
電話　0570-001919
● **株式会社伊勢惣**
https://www.isesou.co.jp
電話　0120-22-4130

参考文献
『元気をつくる！麹の甘酒図鑑』
藤井寛著（主婦の友社）
『発酵と醸造 味噌と醤油 製造管理と分析』
東 和男編著（朝倉書店）
『大豆の機能と科学』
小野 伴忠・下山田 真・村本 光二編（朝倉書店）
『醸造・発酵食品の事典』
吉澤 淑・石川 雄章他編（朝倉書店）
『米甘味噌 白甘味噌・江戸甘味噌』
川野 一之・岸野 洋著　日本醸造協会誌
1999年94巻2号102-108
https://doi.org/10.6013/jbrewsocjapan
1988.94.102
『旬の野菜と魚の栄養事典』
吉田企世子、棚橋伸子監修（X-Knowledge）
『薬膳・漢方　食材＆食べ合わせ手帖』
喩　静、植木もも子監修（西東社）

米麹・塩・野菜を炊飯器に入れて作る
発酵野菜みそのレシピ

2025年1月11日　第1版　第1刷発行

著　者　木村 幸子
監　修　藤井 寛
発行所　株式会社WAVE出版
〒136-0082　東京都江東区新木場1丁目18-11
振替 00100-7-366376
E-mail: info@wave-publishers.co.jp
https://www.wave-publishers.co.jp
印刷・製本 萩原印刷

NDC596　95p　26cm
ISBN978-4-86621-506-8